FLORENCE ARTHAUD
SECRÈTE

KAYA LOKAY

FLORENCE ARTHAUD SECRÈTE

l'Archipel

Notre catalogue est consultable à l'adresse suivante :
www.editionsarchipel.com

Éditions de l'Archipel
92, avenue de France
75013 Paris

ISBN 978-2-8098-4493-1

À mon fils, Nicolas Lokay

« C'était une muse, une sirène, et c'était aussi un marin. C'est une femme qui aura marqué l'histoire mondiale de la voile en solitaire. »

Eugène Riguidel

Prologue

« Les femmes en mer, ça porte malheur... » Cet adage court encore parmi les marins lorsqu'en 1978, à l'âge de vingt et un ans, Florence Arthaud prend le départ à Saint-Malo de la première Route du Rhum. Personne ne croit alors en sa capacité d'effectuer une course transatlantique de 6 562 kilomètres en solitaire. Seule femme à l'arrivée, et première dans sa catégorie de bateaux, elle devient à jamais « la petite fiancée de l'Atlantique ».

Douze ans plus tard, elle remporte cette prestigieuse course sur un trimaran de 18 mètres, *Pierre Ier*. Sa victoire à l'arrivée en Guadeloupe démontre de manière éclatante qu'elle est devenue une grande navigatrice. À trente-trois ans, son nom entre dans la grande histoire du sport et marque toute une génération de spectateurs et de marins, pour qui la mer était un territoire presque interdit aux femmes. Florence Arthaud devient alors une icône qui fascine autant les femmes que les hommes, autant le grand public que les marins.

Voilà, en résumé, ce que tout le monde sait et retient de cette femme hors du commun. C'est ce qui a motivé mon désir d'écrire, au travers de ma rencontre avec elle, mes souvenirs et mes interviews, ce livre-témoignage, ce livre-hommage à cette femme pionnière, conquérante, rock star des médias, qui a réussi à concilier la rigueur d'une sportive de haut niveau avec la vie de noctambule à Paris, New York ou Bora-Bora.

Tout commence et s'explique par la naissance de Florence, le 28 octobre 1957, dans une famille bourgeoise aisée, qui a ses codes, ses contraintes, ses devoirs, auxquels elle voudra à tout prix, très jeune, échapper. Son grand-père est éditeur de livres d'aventures, d'histoire, de géographie, principalement consacrés à la montagne. Son père, Jacques Arthaud, s'oriente vers les récits de grands marins. Un de ses premiers récits de navigation est, en 1964, celui du tout nouveau vainqueur de la Transat en solitaire: Éric Tabarly.

Plongée dans cet environnement, Florence fréquente dès son plus jeune âge le club de voile d'Antibes avec ses frères, Jean-Marie l'aîné et Hubert le cadet.

En 1974, après son bac, fortement influencée par son père, elle décide de devenir chirurgien. Mais, la même année, elle est victime d'un très grave accident de voiture qui la plonge dans un coma de trois semaines. Traumatisme crânien, fractures, paralysie nécessitent une hospitalisation de six mois, dont elle ressort extrêmement fragilisée. Le médecin recommande à ses parents qu'elle ne pratique plus aucun sport.

— Et la voile? dit-elle.

Oui, la voile est autorisée...

Après une année de médecine, elle abandonne ses projets d'études et décide tout simplement de vivre sa vie.

En 1976, Florence fugue et traverse l'Atlantique avec le navigateur Jean-Claude Parisis. Cette première expérience transatlantique confirme sa passion pour la navigation. Mais aucun équipage masculin ne souhaite embarquer une jeune fille à bord.

En 1978, à vingt et un ans, elle décide donc de naviguer seule en participant à la première Route du Rhum (course en solitaire de Saint-Malo à la Guadeloupe). Son arrivée à Pointe-à-Pitre est considérée comme un exploit. À force de volonté, d'obstination et de charme, Florence réussira à se faire admettre dans le milieu des courses en mer, puis reconnaître et enfin admirer par les plus grands navigateurs. De

« fille à papa », elle devient « la petite fiancée de l'Atlantique ».

Mais si, en compétition, Florence est une sportive hors norme, à terre c'est une libertine et une amoureuse passionnée qui multiplie les conquêtes et aime faire la fête dans les bars, les night-clubs. Elle aime la vie et ses plaisirs : danser, manger, boire, rire, aimer…

En 1981, quelques mois avant la prochaine Route du Rhum, Florence tombe dans le coma à cause d'une péritonite. Elle doit être opérée d'urgence. Cela ne l'empêchera pas de prendre le départ et de terminer vingtième sur trente et un arrivants.

En 1986, la voici de nouveau à Saint-Malo, sur la ligne de départ, pour la 3e édition de la Route du Rhum. Durant la course, elle reçoit un appel lui signalant qu'elle est la plus proche de Loïc Caradec, qui a chaviré. Mais elle trouvera une coque vide : Loïc Caradec a disparu. Ce traumatisme marquera toute sa vie.

En 1989, le chanteur Pierre Bachelet, qui consacre son nouvel album à la terre et à la mer, propose à Florence Arthaud d'y interpréter deux chansons en duo, dont le succès « Flo ».

En plus de son talent de navigatrice, sa beauté sauvage séduit les publicitaires : elle prêtera son visage à Biotherm, Taillefine, entre autres.

Début 1990, un promoteur immobilier finance la construction de son trimaran de 18 mètres : *Pierre Ier*. Avec celui-ci, en juin, elle termine troisième de la Transat en double britannique.

En juillet 1990, elle pulvérise le record de la traversée de l'Atlantique, détenu par Loïc Peyron, et devient la seule navigatrice à battre les hommes sur leur terrain.

Au mois de novembre 1990, au départ de la quatrième Route du Rhum, un problème de cervicales l'oblige à porter une minerve. Au bout de quelques jours, son télex ainsi que son pilote automatique tombent en panne. En raison d'une fausse couche récente, elle fait plusieurs hémorragies. Florence est épuisée, à la limite de ses forces. Mais elle parvient à maintenir le cap et arrive la première à Pointe-à-Pitre, battant de près de six heures la performance de Philippe Poupon lors de l'édition précédente. C'est la consécration.

Les années suivantes, la crise économique ne permet plus au promoteur immobilier de sponsoriser le bateau de Florence. De plus, son comportement freine d'éventuels investisseurs. Elle dit elle-même qu'elle souffre hors de la mer. Sur terre elle mène souvent une vie dissolue…

En 1993, en couple avec le navigateur Loïc Lingois, Florence donne naissance à leur fille,

Marie. Elle vit alors entre Marseille et un pied-à-terre en Bretagne, où elle retrouve ses amis, dont les Bretons Olivier de Kersauson et Éric Tabarly, qui donnera le goût de l'équitation à sa fille Marie.

En 1996, « la petite fiancée de l'Atlantique » se relance dans la compétition. L'année suivante, elle remporte la Transpacifique, avec Bruno Peyron. Elle participe également à d'autres transats en double, comme l'AG2R ou la Transat Jacques Vabre.

En 2001, elle est ravagée par le suicide de son frère aîné Jean-Marie. Pour ne pas sombrer sur terre, elle part régulièrement, seule, en mer.

En septembre 2005, elle épouse à Porquerolles, dans le Var, le navigateur Éric Charpentier, dont elle divorcera deux ans plus tard.

En octobre 2011, au large du cap Corse, Florence tombe en pleine nuit, sans gilet de sauvetage, dans une mer à 17 °C. Elle regarde impuissante son bateau s'éloigner avec son chat Bylka à bord. Par chance, elle a encore sa lampe frontale et, pour une fois, son portable étanche est dans sa poche. Florence téléphone à sa mère, me téléphone aussi. Son frère alerte les secours. Elle pense que la mer, sa raison de vivre, va devenir son tombeau. Elle pense à sa fille Marie et aux dramatiques disparitions de ses amis Tabarly et Caradec. Grâce à son portable, elle est finalement géolocalisée. Moins de trois heures plus tard, elle est secourue par le CROSS (Centre régional opérationnel de surveillance et de sauvetage) de Corse. Un tel dénouement, dans ces conditions, n'est jamais arrivé à qui que ce soit avant elle.

En mars 2015, son livre *Cette nuit, la mer est noire* doit sortir et on lui a proposé à la même date de participer à *Dropped*, une émission de télé-réalité pour TF1, mettant en scène des champions sportifs livrés à eux-mêmes en pleine nature. Le tournage est prévu en Argentine. Voulant avoir une bonne condition physique, Florence arrête de fumer, fait de la randonnée avec des amis, s'entraîne à la course dans les Calanques.

Le 9 mars 2015, près de Villa Castelli, en Argentine, Florence prend place dans l'un des deux hélicoptères AS350, le même type d'hélicoptère qui l'a sauvée quatre ans plus tôt. Ces deux appareils, qui doivent emmener les candidats sur le lieu de tournage, entrent en collision et entraînent la mort de huit Français et de deux pilotes argentins.

À bord se trouvaient Florence Arthaud, la championne olympique de natation Camille Muffat et le boxeur Alexis Vastine.

À bout de souffle

Un fabuleux faisceau de hasards – ou bien est-ce à force d'en avoir rêvé ? – fait entrer Florence Arthaud dans ma maison et dans ma vie, en Provence, le 20 août 2009.

J'ai nommé ma villa *À bout de souffle*. Pour Jean-Luc Godard, parce que j'aime le cinéaste. Et parce que la maison est située, à Bonnieux, sur le plateau des Claparèdes. Au milieu des pins, des chênes et de la garrigue, au bout d'un long chemin caillouteux. Où l'on arrive toujours « à bout de souffle »…

Là est venue Florence Arthaud, en cette journée d'été 2009.

Nous étions une dizaine à fêter l'anniversaire-surprise d'une amie.

Un verre se brise, je rentre dans la maison pour en chercher un autre et lorsque je ressors, soudain, je vois Florence loin, à l'écart, à l'ombre d'un petit chêne vert.

Là, j'ai compris que je tournais une page de mon histoire.

Florence est seule au milieu de cette fête. La piscine est le lieu du jeu et des fous rires. Elle est assise, solitaire, et ses pensées envahissent tout ce qu'elle regarde.

Quelques années plus tard, quelqu'un de son entourage lointain me préviendra : « Attention, on n'approche pas comme ça les grands fauves. Ils donnent des coups qui peuvent être fatals. » Mais je m'approche. Je n'ai pas peur. Mon cœur bat pourtant tellement plus vite. Que vais-je sceller pour toujours ?

Elle regarde la nature, le soleil. Un instant magique. Un moment solaire. Quelques secondes d'une intensité inoubliable. Je ne pourrai jamais oublier ça. Je m'assieds à côté d'elle. Nos bras se frôlent. Là, nous partageons le premier silence face à la nature.

Je cherche à voir son regard derrière ses lunettes noires. Elle voit que je cherche ce regard, elle sent. Son instinct animal a perçu mon désir de savoir, de connaître, de partager cette solitude qui, là, tout de suite, ressemble à une fuite et pas au bonheur. Elle retire ses lunettes noires et me livre tout par ce geste. Ça dure quelques secondes qui sont l'Infini. Elle me donne son regard couleur de tristesse et de confiance. Qui peut croire à ça? En quelques secondes, elle m'a ouvert les portes. Elle a simplement voulu dire: « Viens, j'ai confiance. »

— … Et toi, tu fais quoi dans la vie?

— J'ai un projet.

— Ah oui, c'est quoi?

— Je veux réaliser un film sur ta vie.

Silence.

— Mais je ne suis pas encore morte!

Nous avons déjeuné sur la table de pierre ombragée. Alors nous avons ri. Florence aussi. Les verres, le doux bruit du rosé. La piscine pour nous rafraîchir joyeusement. Non, ce n'est pas vrai, Florence n'a pas eu envie de se baigner joyeusement. Florence était triste. D'une tristesse palpable. Elle était abandonnée par un homme qu'elle aimait et qui l'avait aimée. Une rupture banale. Mais la force de Florence faisait peur, son jusqu'au-boutisme. Cette manière d'être, comme si chaque jour était le dernier. Son goût immodéré pour l'amour, finalement, devait faire fuir les hommes. Autant qu'elle les attirait. Inéluctablement. Irrésistiblement.

Nos enfants nous regardent. Les adolescents observent les adultes, surtout lorsque les adultes se détendent avec quelques bouteilles de rosé ou de champagne. Ils veulent savoir. Marie, la fille de Florence, Nicolas, mon fils, nous regardent.

Nous sommes éméchées et heureuses grâce à l'alcool, grâce au soleil. Eux ne sont pas dupes, simplement spectateurs. Nos tristesses se noient. C'est une brèche dans laquelle nous oublions. Pour un instant, Florence délaisse la tristesse de son dernier amour enfui.

Les éclaboussures et les rires sont derrière nous. Très loin. Très, très loin. Ici, sous cet arbre, en Provence, notre « amitié » commence.

Démons et merveilles

J'ai pris le train, deux jours plus tôt, avec une certaine appréhension. Après notre contact fulgurant en août, j'ai appelé Florence en septembre et elle a mis quelques instants à renouer les fils de notre rencontre. Quelques instants qui m'ont paru une éternité et ont instillé en moi une petite dose d'inquiétude. Qu'en était-il de notre complicité estivale ? de ce sentiment de proximité que j'avais ressenti avec intensité, et dont je pensais qu'il était partagé ? Quand je rejoue les scènes de notre soirée « inaugurale », je nous revois toutes les deux à l'écart, dans une bulle, échangeant comme si nous nous connaissions depuis longtemps, toujours… Nous deux et le reste du monde… Il ne faut pas que je m'emballe trop, me suis-je dit le lendemain. Car je sentais que je n'en étais pas loin.

Mais ce soir, dans ce bar à bières où personne ne nous remarque, nous sommes de nouveau, comme au premier soir, entourées d'une membrane protectrice. Pour se comprendre dans le brouhaha ambiant, il ne faut pas se quitter des yeux. Chacune sur notre tabouret, accoudées au bar, nous ne nous lâchons pas. Nous nous rapprochons imperceptiblement. Et puis ça se produit…

Florence avance son visage, pose ses lèvres sur les miennes, me réduisant au silence. Je ne me dérobe pas et lui rends son baiser. C'est tellement doux. Inattendu et doux. Jamais je n'aurais osé provoquer ce moment.

Mon grand handicap, face à elle, c'est que j'aime les femmes. Elle le sait, bien sûr, comme je sais de mon côté qu'elle penche plutôt vers les hommes. Que faire ? Je suis évidemment sous le charme – et c'est un euphémisme. Je sens que quelque chose se passe en elle aussi. Mais elle vient juste de rompre avec son dernier amour, est-elle vraiment prête à une nouvelle relation ? Je crains de souffrir. Je sens qu'il faut que je me protège, et en même temps je suis au bord d'un abîme que je rêve d'explorer.

Dans ce bar, nous nous embrassons de nouveau. Puis, naturellement, elle descend de son tabouret et se dirige vers la porte sans me quitter des yeux. L'invite est claire. Je la suis.

Quand, au petit matin, je quitte son studio – son refuge pour écrire et travailler – un poème de Prévert me revient en mémoire.

Démons et merveilles,
Vents et marées...

Le poème s'intitule « Sables mouvants ».

Alors que je rentre vers mon hôtel, je me rends compte que j'ai oublié une bague chez Florence. Le sol tangue un peu. Je suis presque ivre, ivre de cette nuit que nous venons de passer, et de ses conséquences possibles. Je sens que je pourrais me faire manger toute crue par Florence. Elle est tant dans la séduction et j'y suis tellement sensible ! Je dois prendre un peu de recul pour y voir clair en moi, en nous.

Pourtant je vais rappeler Florence quelques heures plus tard. Et revoir les deux petites vagues au fond de ses yeux.

Deux petites vagues pour me noyer.

Interview à Marseille

Le projet d'un film sur elle lui semble improbable.

Florence n'est pas vraiment cinéphile ; le mot *biopic* ne lui parle pas, à cette époque. Je la convaincs de faire une série d'interviews qui me serviront pour écrire un scénario sur sa vie.

Quelques jours plus tard, nous nous retrouvons dans son fief, à la Madrague de Montredon, petit port de pêche enclavé sur la fin de la corniche marseillaise.

Elle y connaît tout le monde, les pêcheurs, les artisans, les habitants. Dans la ruelle qui descend vers la mer, Florence dit mille fois :

— Bonjour !

Toujours avec un petit mot :

— Ça va bien, ton fils ?

Elle sourit, écoute la réponse et conclut :

— Ah, c'est bien ! Allez, bon après-midi, la vie est belle !

Nous continuons notre marche sur les rochers de la crique la plus proche. J'ai mon petit magnétophone à la main et Florence me montre la mer :

— Tu vois, je m'entraînais ici, je nageais de là à là-bas. J'adorais ça. Je me faisais les fessiers en même temps.

Plus tard, elle m'indique le GR (sentier de grande randonnée) :

— Sur tous ces sentiers, j'aimais crapahuter avec mon chien Noé !

Florence regarde longuement le dessin des montagnes qui se découpent sur le ciel. Son œil est précis. Sans doute les images du passé défilent-elles dans sa tête. Je respecte son silence. Un silence de plénitude, d'apaisement.

Cela fait peu de temps que j'ai rencontré Florence. Mais je comprends que c'est une femme sans fard ; elle ne souhaite pas être aimée pour ce qu'elle n'est pas. L'image, l'icône, la star de la voile ne demande qu'à être reconnue pour ce qu'elle est vraiment : une femme qui aime la compétition, mais aussi la nature et les gens simples. Une femme qui élève sa fille avec dévouement et tendresse. Elle a franchi le cap de la cinquantaine, les mains meurtries par les batailles face au vent et au sel marin. Mais sa chevelure est toujours celle de ses vingt ans, une chevelure de lionne. Son allure et sa démarche sont aussi celles de sa nature conquérante, une sportive hors norme à l'élégance féline.

Florence est une femme à la fois déchirée par des échecs amoureux et meurtrie par les réseaux sociaux, qui ne la ménagent pas. Elle est toujours capable physiquement et psychologiquement de naviguer, mais sur Internet des articles affirment le contraire. Rien de nouveau : dès ses premières compétitions, les médias affirmaient qu'elle ne terminerait pas la course et rappelaient toujours sa filiation : « Florence Arthaud, fille du célèbre éditeur » …

Florence est d'ailleurs fière de son héritage culturel :

— Benjamin, mon grand-père, a créé les éditions Arthaud et a commencé par éditer des livres sur les grands espaces autour de la terre. C'est comme s'il nous avait déjà destinés à aimer la nature. Et c'est ma tante aussi, Monique Chanson, qui nous a fait goûter au sport. Elle faisait beaucoup de ski ! Elle *ouvrait des voies*, comme on dit !

Florence et Jean-Marie, son frère aîné, s'inscrivent dans cette lignée de grands sportifs. Ses parents aiment la nature. Florence est élevée l'hiver sur les pistes, et l'été au bord de la mer. À dix-neuf ans déjà, elle a la silhouette fine et musclée, la charpente d'une championne de ski ou d'une future navigatrice.

Florence me propose de m'installer chez elle pour poursuivre l'interview. Nous redescendons la rue, elle marche devant moi de son pas énergique et chaloupé. Elle fait un détour rapide chez l'épicier pour acheter une bouteille de rosé :

— Tu vas bien ? Tu as une bouteille au frais pour moi ?

Elle se dirige vers l'armoire réfrigérée, saisit une bouteille :

— Tu la mets sur mon compte !

Elle scande ses phrases par un petit rire court qui veut dire :

— Merci, à demain, bonne journée !

Elle sort et nous nous dirigeons vers son appartement.

Le code : 1968.

Florence, amusée :

— Je ne pouvais pas avoir un autre code !

Assise sur le canapé de cuir rouge, les verres à portée de main sur la table basse, je commence à avoir la tête qui tourne. Florence m'aide à changer les mini-cassettes de mon magnéto. Entre émotions, vapeurs d'alcool, admiration, rires et peines, Florence me raconte les épisodes de sa vie, son regard accrochant le mien. Je suis impressionnée par sa spontanéité, l'analyse qu'elle fait de ses débuts dans la vie – non seulement de navigatrice – mais aussi d'enfant.

Le magnétophone est posé entre nous, Florence est directe :

— Nous étions en vacances entre amis ; à l'époque on faisait un peu n'importe quoi. Il y en a un qui a proposé d'aller faire un tour en ville avec la BMW de son père. Nous étions tous d'accord, on a décidé tous ensemble de faire cette connerie. On va en ville, sans permis ! Et c'est parti ! Aujourd'hui on aurait été arrêtés au bout de deux kilomètres, mais tu sais, à l'époque, il n'y avait pas de radar, et dans ce bled en Normandie, on n'imaginait pas être contrôlés par la gendarmerie. De toute façon, on n'était pas fous non plus, on n'allait pas prendre le volant en ayant bu ou pris de la drogue.

Florence rit.

— J'étais à l'arrière, mais même sans avoir bu, mon pote conduisait si mal ! Ça n'a pas loupé, on a fait sept tonneaux et je me suis retrouvée à Garches, sur un lit d'hôpital. Trois semaines de coma. Le diagnostic était lourd : fracture du crâne, autres fractures, hématomes, pertes de langage et de mémoire. J'y suis restée six mois, j'ai réappris à marcher, à parler… J'avais dix-huit ans, je me suis fait des copains. Tu imagines, six mois !

Florence rit, toujours de ce rire bref.

— Enfin, je m'en suis sortie… Finalement, cet accident, ce fut une chance. Le médecin a dit à mes parents : « Elle ne doit plus faire de sport, et pour les études, je ne sais pas si elle pourra passer son bac. » J'ai tout de suite demandé : « Et la voile ? » Heureusement, le médecin a dit oui.

Fugue

Un verre de rosé à la main, je me laisse embarquer par son récit.

— L'été, avec mon frère, Jean-Marie, je faisais des régates. On nous appelait « les Parisiens ». En attendant, on gagnait toutes les courses ! Pendant ma convalescence, tu t'en doutes, je n'ai eu qu'une envie : naviguer. Du coup, après tout ça, j'ai voulu prendre le bateau familial, *Largade*, pour m'entraîner. Mon père a accepté à condition que je parte avec mon cousin. Ce sera ma première traversée jusqu'en Algérie.

Je l'écoute, je voyage, je suis sur *Largade* avec elle. Un bateau à voile qu'elle peindra en rose et mauve.

Elle poursuit :

— Plus tard, je rencontre Jean-Claude Parisis. Je tombe amoureuse de lui. C'est un beau mec, mais il est d'origine paysanne. Pour mes parents, c'est une mésalliance. Ils veulent empêcher cette relation mais je fugue pour le rejoindre à Nice. Je laisse juste un mot sur l'oreiller: «J'ai besoin de prendre le large.» Et je goûte à ce que je désire le plus depuis que je suis jeune: la voile. Elle a toujours fait partie de ma vie, la compétition aussi. Depuis l'âge de douze ans, j'écoutais les récits des navigateurs comme Bernard Moitessier. J'étais fascinée. Nous sommes une famille de sportifs, c'est dans notre ADN.

Florence me montre quelques photos sur lesquelles apparaissent à ses côtés Jacques, son père, et Jean-Marie, son frère aîné:

— Ça, c'était au Racing. Je m'entraînais sur le *Zoubidou*, avec Jean-Marie. C'était un catamaran de plage, un petit bateau. Et c'est vers mes quatorze ans environ que papa nous a laissé partir, tous les deux, en mer.

Plus tard, le suicide de Jean-Marie sur le voilier familial en 2001 la laissera dévastée. Sa rage de vivre en sera décuplée, avec des amours multiples et instables. Un seul amour subsistera, inconditionnel et passionnel parce qu'impossible. Elle m'en reparlera plus tard et toujours, inlassablement.

Nous passons d'un sujet à l'autre. Florence me parle beaucoup de Jean-Marie et des débuts de la navigation avec lui. Son frère aîné était dyslexique et en souffrait. Elle m'explique qu'à l'époque, dans les années 1960, cette anomalie légère le faisait passer pour un peu bête. Il était devenu introverti et ne s'exprimait que rarement en famille. Leur père était très sévère avec lui et, quand elle le défendait, il leur arrivait de recevoir des coups de ceinture.

Elle avale une petite gorgée de rosé et enchaîne :

— Mais c'était l'époque, c'était comme ça, on frappait les mômes.

Son rire signifie : « N'en parlons plus, tu nous vois aujourd'hui frapper nos enfants à coups de ceinture !? »

Après avoir cherché du réconfort en tirant longuement sur une cigarette en silence, elle entre dans une longue narration :

— Tu sais, Jean-Marie, mon frère tant aimé, ne parlait pas, il était l'introverti, le secret. Seul avec moi, il était joyeux, il aimait la vie. Ailleurs, c'était difficile. Son envie de vivre fluctuait. Si bien qu'un jour l'envie de ne pas vivre a tout envahi. Cette envie d'aller de l'autre côté de la mer a été la plus forte et l'a fait basculer à tout jamais. Un jour, d'un coup de feu, il a mis fin à cette hésitation entre la mélancolie et la vie. Dans notre bateau, là où il m'avait appris les premiers gestes de la navigation. Dans une baie… où le bateau était ancré à un endroit que nous connaissions par cœur. Là où nous plongions dans cette mer si belle, si prometteuse – c'était le temps des joies et des rires, de l'initiation entre lui et moi. Après son geste, ce furent des années *blues*. Des années durant lesquelles je l'ai cherché partout. Avec tout le monde. Avec ses amis, bien sûr. Alors j'ai épousé son ami d'adolescence. C'était lui que je cherchais, à travers ce mariage. La presse en a fait ses soirées d'hiver : « Florence Arthaud divorce après trois semaines de mariage. » Oui, cela semblait fou, rock'n'roll. Ça ne l'était pas. C'était un mirage. Une tentative vers le bonheur, un espoir de le rejoindre. Personne ne m'a comprise. Peu m'importe. Pourquoi devrais-je me faire comprendre ? Pourquoi voudrais-je que les journalistes puissent lire les battements de mon cœur ? Aucun intérêt. Sans déconner, je ne cherche pas à me faire comprendre. Ni à me faire pardonner. Je n'ai pas commis un péché. J'ai vécu une illusion de retour vers lui, Jean-Marie, mon frère, lui qui guidait toutes mes espérances, lui qui guidait mon cœur dans la vie.

Elle poursuit :

— Faut que tu saches que je montais à cheval et que je faisais du ski alpin, aussi ! Regarde cette photo…

Chez Aldo

Le lendemain, nous reprenons nos entretiens et nous voilà face à face dans un restaurant de la Madrague de Montredon, à deux pas de son joli duplex qui donne sur la mer. Chez Aldo : c'est son quartier général. Nous finissons de déjeuner dans ce cadre authentiquement marseillais. Le lieu est maintenant désert. Je n'arrive pas à retourner la cassette de mon magnéto.

— Attends, je vais le faire, dit Florence.

Nos doigts s'effleurent au-dessus du magnéto.

Elle me parle de la Route du Rhum de 1990, à laquelle elle participe, cette fois encore, sur le catamaran *Pierre Ier*. Avant le départ de cette édition, *L'Équipe* titre : « Florence va faire deux petits tours dans l'eau et puis reviendra. »

En tirant sur sa cigarette, Florence reprend :

— Pendant la course, mon pilote automatique me lâche et fait sauter tout le circuit électronique. Je fais une hémorragie. Je ne sais plus où je suis. J'ai cru que j'allais y rester... Je me soigne avec des antibiotiques. Je n'ai plus aucun contact depuis les Açores. J'ai envie d'abandonner. À 23 h 10, le 18 novembre, j'arrive à Pointe-à-Pitre. J'ai coupé la ligne d'arrivée! 14 jours, 10 heures, 8 minutes et 28 secondes! Une femme a triomphé des hommes! Mais j'ai failli y passer...

Désormais, il n'y a plus qu'une chose qui fasse rêver Florence : c'est de participer une dernière fois à la Route du Rhum. En 2009, elle cherche des sponsors, mais toutes les portes se ferment. Elle n'y croit plus beaucoup.

Chez Citroën, on lui demande : « Qu'est-ce que ça nous rapporterait ? »

— Toutes les marques qui m'ont suivie ont leur nom dans le dictionnaire derrière le mot « voile ». Je ne crois pas avoir vu le nom Citroën derrière le mot « voiture »...

Nous continuons l'interview sur le toit-terrasse de son appartement. Nous sommes là, face au jour qui tombe, la brise de septembre est douce. Nous avons pris une bouteille de rosé et deux verres. Le petit magnéto tourne encore. Florence semble apaisée. Visiblement, cette journée d'interview ne lui pèse pas. Elle semble heureuse de se remémorer des souvenirs heureux, sensible à la reconnaissance que certains médias lui portent, après avoir tellement mis le marin à l'épreuve.

— J'ai été la seule femme avec Marielle Goitschel à recevoir à deux reprises le prix Monique-Berlioux de l'Académie des sports. C'était en 1978 et en 1990. C'est une récompense pour la meilleure performance sportive féminine de l'année.

Sur son visage, je peux lire une réelle fierté. Aujourd'hui, sur ce toit, son regard perçant est tellement paisible. Florence secoue sa chevelure. « Animal sauvage, grand fauve », me dis-je…

— Et *L'Équipe* qui avait dit de moi au départ de la Route du Rhum en 1990 : « Elle fera un petit tour et reviendra… »

Florence rit.

— *L'Équipe* m'a élue championne des champions !

Florence a un rire franc. Ses yeux plantés dans les miens, je perçois son courage, sa détermination, son désir de gagner. Mais sous cette extrême combativité, je perçois une fragilité dont je comprendrai plus tard qu'elle vient de l'enfance.

« *Sublimare* »

Face à tes jolies provocations sensuelles, je m'interrogeais. Ou plutôt mon corps m'interrogeait. Le désir assouvi annonce une fin programmée. Tu m'émeus beaucoup trop. Tu méconnais le désir violent d'une femme pour une femme. Tu ignores la violence de mon désir.

Une nuit, nous étions près de la digue foulée par le ressac de la mer. Le bruit du ressac qui se jetait sur la digue, ce mouvement hypnotique, cette musique répétitive qui venait du fin fond des mers nous ont projetées dans les bras l'une de l'autre. Nos lèvres, nos bouches se sont laissé faire. C'était une belle promesse.

Mais tu ne sais pas l'amour des féminines. Mon désir fut tremblant, maladroit et excessif. La nuit avait commencé à deux heures. Tu t'es endormie. Je suis partie dans l'obscurité. La corniche était encore éclairée. J'ai suivi les lumières pour rentrer jusqu'à mon hôtel. Sept kilomètres dans la nuit marseillaise. C'est long. J'ai appelé un taxi de mon téléphone portable.

Tu t'es réveillée seule, étonnée. Moi, je m'évapore quand je sens le danger. Une fois encore, tu n'as rien dit. Nous sommes allées déjeuner à la baie des Singes. Je n'ai rien goûté. Tu m'as invitée à regarder la beauté de la nature. C'était beau. La mer, l'horizon, l'avenir.

C'était beau, tout ce que l'on n'a pas fait.

Nous ne nous sommes pas raconté d'histoires.

Au bord de cette falaise nous avons scellé à jamais nos silences.

La légendaire Route du Rhum

Cette course, créée en 1978 par Michel Etevenon, est la reine des courses transatlantiques en solitaire. Sur 6 562 kilomètres, elle relie Saint-Malo, en Bretagne, à Pointe-à-Pitre, en Guadeloupe. Mythique, elle fascine tant par la diversité des classes de bateaux qui s'engagent que par le mélange des genres : grandes figures de la voile, professionnels et amateurs se côtoient tous les quatre ans pour vivre cette aventure hors norme, dangereuse et magique.

Dès la première édition, Mike Birch, sur un petit trimaran, coupe la ligne d'arrivée 98 secondes avant le long monocoque de Michel Malinovsky. Cette victoire spectaculaire reste dans toutes les mémoires. Durée de la traversée : 23 jours 6 heures 59 minutes et 35 secondes.

En 2022, Charles Caudrelier est le vainqueur de la 12e édition. Durée de la traversée : 6 jours 19 heures 47 minutes et 25 secondes.

Le raccourcissement du temps de traversée est principalement dû à l'amélioration des matériaux utilisés pour la construction des bateaux, aux performances de la technologie de bord et aux systèmes de prévisions météorologiques.

Ton visage

Ton visage de marin battu par toutes les tempêtes, les amours, les ruptures, les soleils et les nuits, était un mélange de lumière et d'ombres. Il parlait de ces bonheurs accumulés, de tous tes voyages autour du monde.

Ton visage reflétait aussi tous tes naufrages, tes erreurs, tes écueils. Il parlait de traîtrise et de ta rédemption. Cette cicatrice qui divisait ton visage semblait le symbole ineffaçable de ta vie courte, mais pleine de mouvements, de battements de cœur et d'aventures. Elle rendait ton visage légèrement asymétrique, te prêtant un air de guerrière romantique. Les trois traits sous ton œil droit soulignaient l'acuité de ton regard ; tu semblais toujours en train de scruter, d'un œil souriant, l'avenir.

Ta démarche sautillante trahissait tes années passées à chercher un équilibre sur un bateau. À terre, il semblait que tu étais toujours un peu en mer, malgré tout.

Solitaire

Dans le TGV qui me ramène à Paris, j'ai des images plein la tête. Je numérote mes cassettes : Florence A. n° 1, 2, 3, 4, 5…

Notre dernière soirée a été très arrosée. J'ai la migraine. Des flashs me reviennent au fur et à mesure que je m'éloigne de Marseille. Nous nous sommes quittées pour quelques jours seulement. Car nous avons décidé d'un prochain rendez-vous à Paris. Ces trois jours passés avec Florence m'ont appris que la belle Florence, la femme adulée, se débat dans un monde d'hommes d'affaires pour décrocher un sponsor. Elle souhaite participer aux vingt ans de la Route du Rhum, mais elle n'a pas de bateau. Les portes ne s'ouvrent pas et le téléphone ne sonne pas beaucoup non plus.

J'ai découvert une femme non seulement solitaire, mais surtout très seule. Les appels sont ceux de sa famille proche. Anne-Marie, sa mère, à qui elle parle tous les soirs, et sa fille, Marie. Ce sont ses seuls liens affectifs journaliers.

Mais la célébrité de Florence et sa popularité à Marseille sont intactes auprès des gens de la rue. Plus tard, je le constaterai en Corse, à Calvi, et bien des fois à Paris aussi. Florence suscite admiration et respect, de la part des hommes comme des femmes. Elle aime prendre le temps avec chacun. Mais lorsqu'elle est conviée à des cocktails, vernissages ou soirées, contrairement à ces rencontres spontanées dans la rue, Florence fait quelques civilités et se dérobe aux mondanités :

— Allez, viens, on se casse ! me dira-t-elle souvent.

Florence n'aime ni la foule ni les futilités. Elle se sent mieux en petit comité, un peu casanière, un peu louve.

Elle se prête pourtant au jeu des cocktails, des sempiternelles et superficielles conversations. Les mêmes questions reviennent :

— Tu as un bateau pour la Route du Rhum ? Tu as trouvé un nouveau sponsor ?

Florence explique et réexplique dix fois, cent fois la même chose. Elle élude parfois les questions et préfère parler de sa fondation, de son désir de participer au mouvement écologique, de La Croisière des Guerrières, qu'elle fait avec des jeunes filles anorexiques. Mais cela reste rare.

Florence parle peu de ses activités humanitaires. Sa nature est d'être réservée, voire secrète.

Dans l'intimité, elle aime rire mais, l'année de notre rencontre, la tristesse l'envahit souvent. Sa vie va mal, tant au plan sentimental que financier. Personne n'imagine les larmes de Florence. La rupture sentimentale qu'elle est en train de vivre ravive la mort de Jean-Marie, son frère aîné ; sans qui la navigatrice ne serait pas.

Elle vit comme une artiste, pas vraiment préoccupée de ses dépenses ni de ses comptes bancaires, souvent à découvert. Elle s'inquiète une soirée, puis le lendemain, son amour de la vie l'emporte.

Pour ramener de la légèreté dans son existence, Florence aime se rendre avec ses lunettes demi-lune dans une grande surface et se concentrer totalement sur le bricolage de son bateau. Elle est agenouillée devant des petits paquets de vis, de clous, de crochets, et seul son bateau compte, elle se moque du regard des autres.

Elle peut aussi adoucir sa mélancolie par la danse et la musique. Elle ne reste pas longtemps assise et, dans son petit pied-à-terre du 16e arrondissement de Paris, elle se lève, me tire parfois par la manche tout en chantant :

— « Vivre pour le meilleur, aimer tout ce qu'on peut aimer, encore et toujours ne vouloir que l'amour. »

Quelques jours après notre arrivée à Paris, je retrouve Florence au Chalet des Îles, un havre de paix au milieu du lac du bois de Boulogne. Nous prenons une navette-bateau pour l'atteindre et nous nous installons dans un coin ombragé.

Florence reprend le déroulement de sa vie. Aujourd'hui, elle me parle de la Route du Rhum 1978, là où tout commence.

— En 1978, à vingt et un ans, je souffle mes bougies d'anniversaire sur mon bateau, un Frioul 38. C'est la première édition de la Route du Rhum, une transatlantique en solitaire, de Saint-Malo à Pointe-à-Pitre. Tu imagines, vingt et un ans, j'avais juste l'âge de participer ! Il y avait tous les plus grands marins, Kersauson, Colas, Riguidel… Là, j'entrais dans la cour des grands. Quand j'ai quitté Saint-Malo, j'avais la boule au ventre… De nombreux marins vont abandonner, dont Éric Tabarly. Et, malheureusement, Alain Colas disparaîtra…

— Oui. Mais toi ?

— Moi, j'ai une stratégie de course : prendre la route la plus courte ! Je dors maximum trente minutes, je suis persuadée que les autres ne dorment pas. Et, à l'arrivée, je suis onzième. Mais je suis la première femme ! J'arrive avec une botte jaune et une botte bleue, pour te dire comme je suis épuisée… Quand je rentre à Paris, je suis devenue un symbole féminin ; tout le monde me veut pour faire de la publicité.

— C'est à ce moment-là que l'on t'a surnommée « la petite fiancée de l'Atlantique » ?

— Oui ! Mais je voudrais te raconter une histoire, avec Biotherm. C'est drôle… Ils me proposent un contrat : « Florence Arthaud utilise Biotherm. Regardez comme elle est belle ! » Puis le partenariat a tourné court ! Alors, plus tard, à l'arrivée d'une course, lorsqu'on m'a parlé de Biotherm, j'ai eu la bonne idée de répondre que je me lavais au savon de Marseille, comme tout le monde.

Elle rit à ce souvenir, puis reprend :

— Pour la 3e Route du Rhum, en 1986, j'ai un nouveau sponsor : Énergie et Communication. Depuis la première Route du Rhum, j'ai un début de légende, mais toujours un bateau de merde. Durant la traversée, cette année-là, mes dérives cassent, je n'ai plus de barre, et soudain ma radio crache : « Loïc Caradec (un des favoris de la course) a chaviré ! » Comme je suis la plus proche, je me déroute. Arrivée sur place, je fais le tour du bateau, dont la coque est retournée, je crie son prénom : « Loïc ! ». Rien, le silence. Je tourne plusieurs fois. Toujours rien. Toujours ce silence. J'espère qu'il est caché sous la coque. Je hurle. Je hurle ! Mais rien. Loïc n'est plus là… Tu sais, la disparition de Loïc est une épreuve qui me hante encore aujourd'hui.

Les larmes montent. Elle boit une ou deux gorgées de rosé.

— Oui… Ça ne pardonne pas, la mer.

— J'arrive onzième, j'ai un coquard. Je me suis mis un coup de molette dans l'œil, mais bon, je suis en vie !

Nous buvons à la vie, à ses drames aussi.

Florence retourne la cassette de mon petit magnéto et poursuit :

— Tu sais, il y a un autre navigateur qui est décédé tragiquement en mer. En août 1988, avec trois coéquipiers, sur la Transat en équipage Québec-Saint-Malo, je navigue pour gagner. Olivier Moussy a le même bateau que nous. Les côtes irlandaises sont en vue, mais une tempête se lève. Nous décidons, Olivier et nous, de prendre la même route. Le drame arrive : Olivier Moussy disparaît au large de l'Angleterre. Moi, j'ai juste failli mourir.

De nouveau des larmes.

Florence chavirera aussi en mer plusieurs fois au cours de sa carrière. Dans la nuit du 29 au 30 octobre 1978, une forte vague frappe le voilier alors qu'elle est en train de changer une drisse en tête de mât, à 17 mètres de hauteur. Seule la chance va la sauver : son pied s'enroule sur un cordage et la bloque dans sa chute : sa tête ne se fracassera pas sur le pont !

Conquise

Florence me raconte aussi qu'elle a fait la connaissance d'un marin qu'elle admire. Son regard bleu l'a conquise pour des jours, des années. Ce skipper, qui bat tous les records autour du monde avec son bateau, est atypique, cultivé, drôle, élégant, charismatique. Florence est amoureuse, elle parlera de cette rencontre magique jusqu'à la fin de sa vie. Avec ce navigateur breton, ils partagent l'amour de la mer, de la nature et une grande spiritualité. Il lui fait découvrir le *Christ jaune* de Paul Gauguin. Florence parle des fulgurances poétiques d'Olivier :

« Les livres, c'est fait pour s'évader,
l'océan, c'est pour vivre. »
« L'écologie est utile, ça nous
a obligés à réfléchir. »
« J'ai plus appris par les femmes
que par les hommes. »

« J'ai été le premier à soutenir Florence Arthaud. »
« Tous les moments forts de notre vie sont des moments de solitude. »
« Nous étions tous amoureux d'elle. »

Enchantés par les couchers de soleil en hiver, sensibles à la beauté du monde, tous deux ont conscience que la planète s'abîme et que nous ne pouvons pas continuer à la détruire.

Lors de la première édition de la Route du Rhum, en 1978, elle veut rallier la Guadeloupe le plus rapidement possible. Pour qu'il l'admire. Pendant toute la course, Florence pense à lui, c'est lui qui la motive, c'est pour lui qu'elle affronte la mer enragée. Éric Tabarly abandonne la course… Le grand Tabarly ! La mer est féroce, les abandons se succèdent, les bateaux se retournent, les larmes coulent.

Florence s'accroche ; son destin amoureux en dépend. Elle ira jusqu'au bout de cette aventure qui devient, au fur et à mesure des jours, un enfer. Il l'attend en Guadeloupe. C'est sûr, il sera fier d'elle… Et ils vivront un grand amour.

À vingt et un ans, l'imaginaire est plus fort que tout.

À son arrivée à Pointe-à-Pitre, Florence surprend par son endurance, sa stratégie, son intelligence et sa beauté. Elle cherche son prince charmant. Il n'est pas sur son chemin. Où est-il ? Florence se renseigne :

— Vous avez vu Olivier ?

La réponse arrive telle une lame, le rêve est piétiné pour toujours, elle doit l'oublier. Cet homme est marié et très amoureux de sa femme.

Florence est arrivée onzième, ce qui est un exploit. Mais la vie amoureuse, ce n'est pas une compétition à la voile. L'amour n'est pas donné comme une coupe ou une médaille. Ce jour-là, elle l'a compris : il y a la compétition, les honneurs, la reconnaissance, mais l'amour, le grand amour, pour le moment, ne fait pas partie de son histoire.

Plus tard, bien plus tard, certains journaux mal informés – ou plutôt qui informent mal – écriront l'histoire de la plus célèbre des navigatrices : « Florence a un amant dans chaque port. » Tout sera imaginé, inventé, déformé, s'agissant de sa vie amoureuse. Elle a été heureuse et malheureuse comme toutes les femmes, tous les hommes qui vivent une passion, avec ses à-coups sublimes, ses ruptures qui enflamment les nerfs. Les déchirures qui donnent l'envie de s'oublier dans l'alcool. Des images qui reviennent et ne la lâchent plus. Des silences qui durent des mois. De nuits blanches en volutes de fumée bleue, Florence espère, Florence y croit. Florence n'y croira plus.

Que reste-t-il de son amour fou ?

Un souvenir que Florence me raconte inlassablement.

L'intelligence du cœur

Nous nous retrouvons au café de l'Homme, à Paris, pour parler de ton *biopic*. Je découvre cet endroit magique. La terrasse du restaurant surplombe l'esplanade des jardins du Trocadéro. Vue imprenable sur la tour Eiffel. Nous sommes à l'heure où le Tout-Paris des affaires est en effervescence. Je saurai plus tard que c'est un endroit où tu viens souvent. Tu pourrais presque réserver sur ton simple prénom. Les gens t'apprécient, ici, comme dans tous les endroits où tu as l'habitude de déjeuner. Le personnel et la direction te respectent, on sent l'admiration dans leur accueil. Il est fascinant de constater à quel point tu es aimée.

À Marseille, c'est la même admiration. En Corse, aussi. Loin des journalistes et de la Toile, il n'y a que respect autour de toi. Tu ne peux te promener dans la rue sans être reconnue. Cette reconnaissance, tu la portes très bien, tu aimes les gens, tu leur parles comme si tu les connaissais depuis toujours. Le contact avec l'autre est immédiat. Troublant. Avec humilité et tendresse. C'est ton élégance. Le monde ne t'effraie pas. Individu lambda ou personnage célèbre, tu leur parles avec spontanéité.

Une icône qui ne se prend pas pour une célébrité.

L'intelligence du cœur, voilà ce que tu incarnes.

La rose buisson

Nous avons déjeuné, mais il y a également ce scénario qu'il faut étoffer. Le restaurant s'est vidé, j'allume mon petit magnéto et Florence me lance :

— Bon, alors, qu'est-ce que tu veux que je te raconte encore ?

Elle me dit l'honneur qu'elle a ressenti à voir son double de cire au musée Grévin, en compagnie de personnages célèbres de l'Histoire, d'écrivains, de musiciens.

Elle me raconte aussi la création de ce double :

— La costumière, le sculpteur ont pris toutes les mesures de mon corps pour réaliser le modelage. Un prothésiste définit la couleur des yeux. C'est vraiment un travail précis et méticuleux. Bon, quelques années après, tu finis dans un panier au sous-sol…

Florence garde le sens de la dérision, elle ne se prend jamais au sérieux.

En sortant, alors que nous nous dirigeons vers son appartement, elle aperçoit un vendeur de roses.

— Tu sais qu'il y a une rose qui porte mon nom ? Non ? Eh bien, il faut le noter !

De son pas rapide, Florence me précède toujours. Arrivées à son appartement, elle s'amuse :

— Regarde sur Internet, j'ai choisi un arbuste, un buisson…

Nous regardons ensemble ; visiblement Florence est heureuse de me faire découvrir ce qu'elle considère comme une reconnaissance, mais toujours avec un certain détachement.

Elle lit à voix haute :

— Rosier buisson Florence Arthaud. Variété unique sélectionnée et éditée par Truffaut. Rosier à grandes fleurs rose tendre, parfum puissant. Bonne résistance aux maladies.

Et rit en répétant cette dernière caractéristique.

Marée basse

Environ une année après notre rencontre, Florence s'est cassé la clavicule lors d'une mauvaise chute. Son bras droit est immobilisé par une attelle. Le moral est à marée basse. Ses recherches de sponsor et d'un voilier pour participer à la Route du Rhum n'aboutissent pas. Florence et moi, depuis une année, avons noué des liens aussi forts que rapides. Florence me téléphone tous les jours lorsque nous ne sommes pas ensemble. Ce soir-là, je lui demande si elle veut que je vienne l'aider avec cette attelle qui ne lui facilite pas la vie. Florence a sa petite voix qui crie « au secours ».

— Veux-tu que je vienne cette semaine ?

J'entends un grand silence. Puis, d'une voix d'enfant :

— Demain. Tu peux venir demain ?

Je m'endors souvent sur le canapé rouge du salon. Je monte de temps en temps au premier étage pour voir si Florence a besoin de quelque chose : un verre d'eau, un médicament pour soulager ses douleurs. Mais elle n'accepte que rarement les remèdes antidouleurs. Je ferme les rideaux de la grande fenêtre qui donne sur les petites montagnes de ce quartier de la Madrague. Je remets l'attelle de Florence lorsque son sommeil agité l'a fait sauter. Puis j'éteins la lumière et la laisse dormir.

Au bout de quelque temps, elle jettera son attelle à la poubelle.

Corrida

Cent fois je revois cette scène. Florence, tu es au centre de la pièce. Tu commences à t'y résoudre : cette Route du Rhum 2010 se fera sans toi. Tu ne connaîtras plus l'ivresse de ce départ de Saint-Malo.

Trois « amies » de toujours sont autour de toi, cette pièce est sans issue... L'une commence à planter ses banderilles, elle te parle de ton âge... L'autre continue sur ta dernière rupture.

Je pense à la chanson de Francis Cabrel, « La Corrida » : « Est-ce que ce monde est sérieux ? »

Toi, Florence, l'icône, la belle navigatrice, je te vois blessée, enfant meurtrie. Je ne peux rien faire. Je ne peux qu'assister à ce spectacle désolant. « Tu n'as jamais appris à te battre contre des poupées. »

Pour t'achever, les mains ennemies remplissent des verres à eau d'alcool blanc. Rhum, vodka, jusqu'au jour qui tombe, tout est bon pour te faire mordre la poussière.

C'est en solitaire et sans escale que tu iras maintenant au bout de ta vie. La 4e édition de la Route du Rhum t'a classée première devant tous les hommes, la 10e te verra seule pleurer comme une enfant dans un train qui te ramène vers Paris.

Le lendemain, nous sommes sur les rochers qui bordent le port de la Madrague de Montredon. Je te parle de ce que j'ai vécu comme une corrida hier avec tes amies qui n'en sont pas.

Tu regardes la mer. Tu restes silencieuse. Est-ce que tu leur pardonnes ? Est-ce que tu sais depuis toujours que ce ne sont pas des amies ? Je ne le saurai jamais.

Silencieuse, tu m'as opposé ce visage calme et meurtri par le temps, les accidents. Ton visage si beau.

Ancrée dans la vie, tu savais que tu pouvais rebondir avec ce projet de Course des Femmes. Tes yeux regardaient loin sur la mer. Ta clairvoyance, ton désir de vie furent ta réponse à ma révolte inutile.

Tu m'as dit simplement : « Tu devrais te baigner… La mer est belle… On se retrouve tout à l'heure. »

J'ai nagé, incrédule et vaincue. Vaincue par ton intelligence, ta sensibilité.

Tu avais souffert hier. Mais c'était hier.

Aujourd'hui, tu étais une femme neuve.

Comme après chaque épreuve.

Tarot de Marseille

Nous essayons de lire l'avenir dans le tarot de Marseille. Je te tirais les cartes pour savoir si tu allais participer à ta dernière Route du Rhum ; mais tu avais trop flirté avec les limites, la lame du Pendu te disait : « Lâche prise. »

Pourtant, ce rêve de revenir sur les lieux de ta victoire, même si tu étais perdante, tu le chérissais. Tu en rêvais, tu t'acharnais, mais le Destin restait sourd.

Dans les lignes de tes mains que tu m'offrais à déchiffrer, paumes grandes ouvertes, je ne voyais que tes gloires passées.

À dire vrai, c'était juste de l'intuition de ma part. Ou de la lucidité. Le silence de ceux à qui tu demandais de l'aide était facile à interpréter.

Jamais, toujours

Nous nous sommes raconté nos passions, les personnages et les fragments de nos vies passées, comme de vieux potes. Nous avons dit « jamais », nous avons dit « toujours ». Je n'ai jamais eu l'audace de mon désir pour toi, tu n'as jamais eu l'indécence de tes émotions. L'amitié amoureuse se cache le jour, ouvre à peine son voile la nuit.

Une nuit au bar mi-obscur du Plaza Athénée, la chaleur de l'alcool nous a frôlées au dévoilement amoureux. Nos mains étaient inséparables. C'était très certainement un spectacle doux à regarder. Le personnel du Plaza nous protégeait des rumeurs – c'est en tout cas ce que j'imagine. Leur ballet régulier pour nous servir, nous desservir, fit des pauses dans notre déclaration d'affection indéfectible. Cette nuit-là, la nuit était plus profonde. Cette nuit-là fut belle.

Sur un nuage

Quelques jours plus tard, nous allons planter nos rêveries et nos rires à la terrasse de Chez Francis, café légendaire de l'Alma, regardant le monde recommencer à vivre en ce début de printemps. De là, nous avons une perspective sur la grande Dame de Fer. Les touristes se pressent déjà, le mobile à la main, suivant leur GPS. Nous observons et nous n'interrompons nos silences que pour reparler de la rencontre avec tes parents. Nous buvons à petites gorgées quelques coupes de champagne.

Un homme, accompagné d'une très jolie fille, t'interpelle, un peu sur ses gardes :

— Je vous admire, j'ai suivi toutes vos courses en mer, je suis un fan de navigation, et vous êtes mon idole !

Un discours que tu connais par cœur. Mais, à sa grande surprise, tu lui réponds avec spontanéité et une gentillesse non feinte. Tu lui parles comme à un copain que tu retrouverais après l'avoir quitté pour quelques décennies. L'homme n'en revient pas. Tu abordes d'autres sujets. L'admirateur est sur un nuage. Je regarde ton sourire, ton regard qui l'accueille avec empathie. Je voudrais à ce moment arrêter le temps, et que ton père en soit témoin.

L'harmonie de l'instant n'échappe à personne. Mais vient l'heure où nous devons partir. Nous hélons le serveur; l'homme l'attrape élégamment au passage.

— S'il vous plaît, les coupes de ces dames sont pour moi.

Tu le remercies avec un large sourire.

Il se souviendra toute sa vie de ce champagne offert à Florence Arthaud.

Puis nous allons jusqu'à la station de taxis. Tu me dis:

— Quelle belle journée, non? Maintenant, je vais dîner chez mon copain Titouan.

Titouan Lamazou est ton grand ami, le fidèle, l'inconditionnel.

— Ce soir, c'est coquillettes et tranche de jambon... ! Un kiff!

Nous nous embrassons tendrement. Le taxi démarre. Tu me fais un dernier sourire. J'ai envie de marcher jusqu'à la place de l'Étoile, de remonter les Champs-Élysées jusqu'à l'Arc de triomphe, portée par toi.

Rue de la Tour

Après avoir observé toute la bienveillance du monde extérieur à ton égard, je vais découvrir ton intimité. C'est au tout début de notre rencontre ; j'ai branché mon petit magnéto Sony pour ne rien perdre du fil de ta vie. Nous avons passé un moment à marcher, à parler dans le square des Poètes, qui borde les serres d'Auteuil. Nous nous parlions déjà comme deux vieilles amies. Avec toi, la vie s'accélérait.

— Viens, je vais te présenter à mes parents, nous sommes dans le quartier.

Arrivées à l'improviste, nous étions deux adolescentes ravies de notre nouvelle aventure.

— Je vais leur dire que tu veux faire un film sur moi !

Après avoir franchi le porche, une allée de verdure s'offre en pleine ville. Florence fait les présentations.

Jacques et Anne-Marie sont beaux à regarder dans cette maison préservée de la modernité et du vacarme de la rue. Anne-Marie m'accueille avec une chaleur non feinte. Jacques est plus réservé. Tout en me servant un verre, il questionne :

— Mais qui jouerait mon rôle ?

J'avoue que je m'attendais à la question.

— Sami Frey…

Je sens que Jacques est flatté : acteur au visage magnétique, ancien compagnon de Brigitte Bardot… Nous échangeons sur les acteurs, les actrices, le cinéma, mon parcours. Je passe un examen en règle. Apparemment, j'ai le passeport, l'aval de Jacques.

Puis l'atmosphère devient plus lourde. Jacques parle de sa passion pour la voile, il parle de reconnaissance, de transmission. Il fait partie d'une génération qui considère que punir, c'est faire avancer ses enfants : les corrections font partie de l'éducation. Alors arrive la phrase que Florence a déjà entendue des dizaines de fois. Anne-Marie se fige. Elle aimerait prendre le visage de Florence dans ses mains, lui dire : « Ma chérie, tu es formidable, tu le sais bien. Ton père croit bien faire… »

Les mâchoires serrées, Jacques lance :

— Tu ne vaudras jamais Ellen MacArthur… Pourquoi ne faites-vous pas un film sur elle ?

Il attend ma réponse. Je suis frappée de stupeur, muette. Jacques répète que c'est MacArthur la meilleure. Florence tangue. Il n'y a ni colère, ni révolte, ni réplique. Je vois des larmes silencieuses rouler sur son visage. Ces paroles qui attisent la douleur, Florence les connaît. Elle pleure en silence comme une enfant.

Pourtant, c'est son père qui lui décrocha son premier sponsor.

Lors d'une émission en hommage à Florence, Hubert, son jeune frère, conclura :

— C'était sa façon à lui de nous pousser vers le haut.

Pour mieux comprendre, quelques mots sur Ellen MacArthur, une prestigieuse navigatrice anglaise, née le 8 juillet 1976. En 2005, elle bat le record du tour du monde à la voile en solitaire et est anoblie par la reine Élisabeth II. Trois ans plus tard, la France la décore de la Légion d'honneur.

Ironie du sort, Ellen MacArthur déclarera que son modèle est la navigatrice française, et après son décès, elle s'exprimera ainsi :

« Je suis très particulièrement touchée par la disparition de Florence Arthaud. Florence était une personne extraordinaire, une femme capable de faire naviguer un trimaran de 18 mètres, un bateau d'une puissance folle. Quand elle a gagné la Route du Rhum, j'étais encore à l'école et je ne connaissais pas grand-chose au monde de la voile française. Par la suite, j'ai commencé à venir en France, à me mettre aux courses en solitaire moi-même. C'est là que je l'ai rencontrée et mieux connue. »

Les femmes de sa vie
Marie, Anne-Marie et Marie-Claude

Florence a décidé, après la victoire éblouissante de la Route du Rhum, de vivre une autre merveilleuse aventure : mettre au monde un enfant et lui transmettre son amour de la vie.

Marie est une enfant désirée. Elle est la préoccupation de ses jours et de ses nuits. Florence me confie sa satisfaction en regardant l'évolution de sa fille :

— J'ai pensé que j'avais réussi son éducation quand, un jour où nous étions en voiture, Marie qui avait huit ans m'a dit : « Regarde, maman, comme les nuages sont beaux ! »

Marie est maintenant cavalière. Fière de son parcours, Florence me dit souvent aussi :

— Un jour, on me dira : « Vous êtes la mère de Marie. » Et plus personne ne lui dira : « Vous êtes la fille de Florence Arthaud. »

Lorsque la célébrité vous touche, c'est un duel entre la vie privée et la vie publique. Florence me raconte que, peu après la victoire de la Route du Rhum de 1990, elle a fait la couverture de tant de magazines et répondu à tant d'interviews qu'elle a été élevée au rang de star de la navigation.

La foule des badauds est toujours présente. Lorsqu'elle largue les amarres, les curieux se bousculent sur les pontons du port de Saint-Malo. Lorsqu'elle revient, elle doit traverser la foule qui veut une dédicace ou simplement la toucher, lui parler, lui arracher un mot, un sourire. Mais avec les médias, ça se transforme en un jeu de pistes. On lui prête toutes les audaces, toutes les liaisons.

Florence fuit cette popularité et souhaite protéger sa fille. Elle se réfugie dans une bâtisse éloignée des grandes villes. Durant quatre ans, Florence arrête la course à la voile pour vivre sur sa galaxie avec Marie et son père, Loïc.

Ces quatre années sont un mélange de notoriété et de vie familiale paisible.

Florence prend le temps de vivre sans enjeu et de voir grandir sa fille. Elle mène une vie sereine mais toujours sur un rythme sportif : vélo sur les routes du Finistère, ski à Val-d'Isère, natation en Polynésie. Elle aime parler de cette période en retrait : personne n'est là pour salir sa vie.

Lorsque nous sommes dans la maison familiale, tu me parles avec émotion de ta mère, Anne-Marie. Tu as reçu des montagnes d'affection de sa part, c'est ce qui t'a rendue si forte, si courageuse.

Quand tu rentres d'une course sans l'avoir gagnée, Anne-Marie est là à l'arrivée, ou au téléphone, aimante, consolante. Elle est toujours là pour te redonner confiance en toi. Cet amour maternel a fait de toi une femme qui dépasse les critiques, forgée pour affronter obstacles et batailles. Au fil du temps, ce lien s'est encore renforcé. Auprès de ta mère, tu trouves toujours une oreille attentive et un cœur attentionné.

Tu dis souvent, en parlant d'elle, « mô man ». Cet amour inconditionnel, tu le lui rends en longues soirées où vous vous retrouvez toutes les deux jusque tard dans la nuit, dans le grand salon, rue de la Tour. Lorsque toute la maison dort, vos voix se mélangent comme un bruissement d'ailes.

Cette complicité, tu la transmets à Marie, avec qui tu as la même relation forte, à distance ou pas. Tu es avec elle, toujours.

Anne-Marie, Florence, Marie, une lignée de femmes qui résistent dans les chagrins. Dans la famille Arthaud, les femmes se tiennent debout.

Monique Chanson, ta tante, est elle aussi un personnage central dans ta construction. Alpiniste chevronnée et skieuse hors catégorie, elle t'accueille dans sa villa en Corse. Je vous ai vues ensemble ; le rire est aussi votre force. L'humour, tu n'en manques pas, et cet humour c'est aussi le recul sur soi, l'humilité.

Tu as eu de beaux exemples et une jolie transmission par les femmes.

Il me fallait dire d'où tu viens, cela explique ton chemin.

Et puis, il y a Marie-Claude, la femme de l'ombre.

Celle qui a vécu dans l'intimité de Florence, en Bretagne, en voyage, à Marseille. C'est la nounou de Marie. Une femme au destin hors norme, digne d'un film, elle aussi.

Marie-Claude découvre Florence à la sortie du 45 tours en duo avec Pierre Bachelet ; elle l'écoute en boucle. Puis, presque par hasard, elle comprend que Florence Arthaud n'est pas seulement une chanteuse, mais une navigatrice ; son admiration redouble !

Installée confortablement rue de la Tour devant mon magnéto, tu reprends cette histoire :

— En 1989, Pierre Bachelet me téléphone et me propose un duo.

Tu m'expliques que chanter est une épreuve plus difficile que de faire une course en solitaire.

— Une fois l'enregistrement réalisé, c'est la promotion à la télévision qui me tétanise. Et même si une certaine presse élitiste eut un regard critique et peu flatteur, je suis fière d'avoir surmonté mon trac.

— Oui, j'imagine!

— D'ailleurs, faut que je te raconte un truc drôle! De retour d'un voyage, j'ai pris un taxi à Orly. Le chauffeur monte le son de l'autoradio et me dit: «J'aime beaucoup cette chanson, "Flo".» Évidemment, je commence à fredonner. Il me regarde: «Vous la chantez bien, vous chantez mieux qu'elle.» Au moment de payer, je lui tends un chèque. Furtivement, il regarde mon nom et se retourne. Il comprend! C'est dingue, cette coïncidence, non?!

Ce duo avec Pierre Bachelet, Marie-Claude l'a écouté des centaines de fois sur sa platine depuis sa sortie. Elle avait appris les paroles par cœur et chantait: «Chacun est fait comme il est, chacun prend feu comme il peut.» La chanson résonne dans sa tête et, en 1990, elle prend le pari:

— Florence va gagner la Route du Rhum!

Elle est l'objet de toutes les railleries de son entourage masculin, mais durant quatorze jours elle endure, elle s'en moque. Marie-Claude ne quitte plus sa radio. Elle y croit à cette victoire d'une femme sur tous ces marins chevronnés. Lorsque la frêle silhouette de Florence arrive en Guadeloupe sur *Pierre Ier* devant tous les hommes, Marie-Claude aussi a gagné seule contre tous.

Devant ces images, le journaliste a la voix brisée, la foule est en liesse ; dans combien de foyers Florence a-t-elle divisé hommes et femmes ? Dans combien de familles les larmes ont-elles coulé d'émotion ? Combien de femmes ont eu le sentiment de gagner en même temps que Florence ? Combien de pères ont dit à leur fille : « Tu vois, tu es aussi capable qu'un homme » ? Combien ?

Marie-Claude quitte sa région, s'installe dans un camping en Bretagne. Après quelques mois de galères, après avoir bataillé, vendu sur les marchés, elle rencontre Florence, dans la grande surface de la ville. Marie-Claude s'approche enfin de sa star :

— Vous voulez de l'aide ?

— Je n'ai pas prévu de sacs.

Marie-Claude l'aide avec ses nombreux achats faits en prévision d'une fête. Et la raccompagne jusque chez elle.

Elle restera douze ans dans l'entourage de Florence, gouvernante de sa fille Marie.

Discrète, aimante, une vraie présence bienveillante pour Florence. On sait que la célébrité, souvent, éloigne les sincérités. Marie-Claude est la sincérité même.

Lorsque Marie aura pris son envol, elle continuera à voir Florence régulièrement, jusqu'à la fin. Elle écrira aussi avec sensibilité son journal et tout son cheminement pour réussir à être une femme libre. Libérée de son milieu machiste. À l'image de son amie.

Ambivalence

— Viens dîner, me dis-tu un soir, quelques jours plus tard.

Nous nous retrouvons à nouveau dans le jardin rue de la Tour, chez tes parents.

Tu as trouvé une bouteille de champagne dans le frigo. Comme des adolescentes, nous sommes passées sur la pointe des pieds en traversant le salon, pour nous asseoir dans ce jardin un peu sauvage, en plein XVIe arrondissement. Il fait nuit. L'air est doux. Nous sommes en juin 2010.

Puis, nous montons dans ta chambre avec la vue sur la pointe de la tour Eiffel. Tu as préparé un très joli dîner, petites soucoupes, belles assiettes, du salé, du sucré. Moi, je vis un cauchemar : tant d'attention à mon égard… On est bien loin de la personnalité décrite par les journalistes.

Désignant la tour Eiffel, tu me dis :

— Regarde, elle scintille…

Je suis nerveuse. C'est mon cœur qui scintille. C'est ton regard. C'est ta voix, tes yeux. Avec toi, tout scintille. Tu mets une musique. Ça scintille.

C'est trop. Je suis submergée. Je trempe mes lèvres dans un verre de rosé. Je n'arrive pas à boire. Je ne mange pas.

Tu as le regard d'un enfant déçu :

— Mange ! Mange ! J'ai tout préparé.

Je comprends le temps que tu y as passé, mais je n'ai envie de rien. Je ne peux rien. Je suis envahie par mes battements de cœur, par mes tremblements intérieurs. Je m'assois sur ton fauteuil cabriolet d'époque. Tu me dis :

— C'est ton fauteuil.

— Florence, je voudrais te dire…

Je ne dis rien. Je scelle en moi mes élans, mon désir, mon plaisir d'être là.

Bob Marley envahit la pièce. Tu danses. Je ne peux pas répondre à tes invitations à danser, à manger, à boire, à vivre.

Je veux te dire : « Florence, pardonne-moi, c'est trop fort, tout ce que tu m'offres avec ton cœur et tant de simplicité. »

Ce soir, la chaleur de cette chambre, ta chambre d'enfant où tu vis quand tu es à Paris, cette chambre, c'est trop intense pour moi.

Je fuis, je rentre chez moi, proche de la syncope.

Ce soir, je suis à l'étroit dans mon corps.

Tu ne me demanderas pas d'explication.

Tu me prends comme je suis. Handicapée. Submergée par toi.

Parfum de liberté

Florence doit repartir à Marseille. Comme souvent, je l'accompagne quand elle prend son train gare de Lyon, ce qui nous donne la possibilité de parler dans le taxi qui traverse Paris. Une ville que nous ne cessons d'admirer.

Les deux amies que nous sommes devenues se racontent tout, mais ce n'est jamais assez. Nos au revoir sont interminables ; tel un cycle, on y revient, on ne part pas. Florence me propose de prendre un dernier verre ; nous nous installons au Train Bleu, ce mythique restaurant créé en 1900 pour l'Exposition universelle, en même temps que le Grand Palais, le Petit Palais et le pont Alexandre-III.

La grande salle, faite de miroirs et de dorures, est éblouissante de raffinement, le meilleur de la fin du XIXe siècle. Ici sont venus les personnalités, les artistes les plus représentatifs du talent artistique français : de Sarah Bernhardt à Jean Cocteau, de Colette à Coco Chanel, en passant par Salvador Dalí, Marcel Pagnol ou Brigitte Bardot. Ce lieu est un véritable musée ; les salons, les passages, les plafonds sont classés monuments historiques. Florence et moi nous installons dans un passage, un décor feutré très étroit. Nous parlons à voix feutrée ; le lieu invite à la discrétion.

Je t'offre N° 5 de Chanel, ton parfum. Tu ne cesses de m'en remercier. Tu parles de Venise et des voiliers qui arrivent par le Grand Canal. Je pars dans tes voyages passés. Ce bonheur de vivre et de raconter, c'est ton cadeau : un parfum de liberté. Grâce à toi, je regarde loin au-delà du Train Bleu et de la nuit grise de Paris.

L'horloge indique bientôt le départ du train. Je te préviens que l'heure approche. Tu me réponds :

— Je prendrai le prochain !

C'est comme ça, avec toi.

Ce jour-là, nous avons passé une grande partie de l'après-midi dans notre cocon, à parler, à rire, à boire quelques verres.

Tu prendras finalement le dernier TGV.

Je t'ai quittée, l'instant est léger, je flâne, je regarde les Bateaux-Mouches qui éclairent les quais. Je pense aux canaux de Venise. Il n'y a pas de mensonges entre nous. Des voyages simplement. Des tranches de beauté.

Tu ne m'as rien promis, moi non plus. Notre relation n'a pas besoin d'être scellée. Encore une belle journée que nous avons laissée glisser.

Studio Harcourt

Florence, de Marseille, m'envoie un SMS la veille de son arrivée à Paris :

— Seras-tu libre demain à l'heure du déjeuner ? Si tu es libre, réserve pour 12 h 30 au Scheffer.

Je suis heureuse de la revoir.

Depuis 2009, nous nous retrouvons à Paris ou à Marseille pour déjeuner ensemble. Florence a ses repères : à Paris, au Trocadéro, non loin de la maison familiale ; à Marseille, au bord de la mer que ses yeux parcourent pendant que nous parlons.

Aujourd'hui, nous nous retrouvons donc au Scheffer, brasserie au charme d'une autre époque, avec ses nappes à carreaux, ses banquettes rouges. On y sert des plats traditionnels. Florence y a sa table, le patron la reçoit avec enthousiasme. Elle prend volontiers un verre sur le zinc tout en parlant avec le maître des lieux. C'est bruyant et chaleureux. Quelques personnalités du monde des médias et du sport s'y saluent sans s'importuner.

Ce jour-là, étrange hasard, nous y déjeunons à proximité de Philippe Candeloro, vice-champion du monde de patinage artistique en 1994, médaille de bronze aux jeux Olympiques d'hiver de Lillehammer en 1994 et Nagano en 1998. En 2015, il participera aux côtés de Florence à la fatale émission *Dropped*. Par chance, il ne montera pas dans l'hélicoptère et échappera à la mort. Ce jour-là, Florence le regarde avec un air à la fois amusé et admiratif. Ils ne se connaissent pas assez pour se parler. Ils ne savent pas qu'ils seront ensemble un jour, en Argentine, sur la dernière photo prise avant le drame.

Le lendemain, nous allons au Studio Harcourt, derrière l'avenue Montaigne, place François-Ier, dans le VIIIe arrondissement. Nous devons choisir une photographie de toi au milieu de plusieurs clichés. Je te donne mon avis et tu choisis les photos que je trouve les meilleures. La confiance que tu m'accordes me ravit.

Me retrouver dans ce lieu mythique au parfum cinématographique, c'est un rêve. Je regarde l'immense portrait de Carole Bouquet à l'entrée, en haut des marches de l'hôtel particulier.

Tout simplement magique. Le salon feutré. Les photos des plus grandes actrices. Ce n'est pas de la poudre aux yeux. Ce sont nos plus grands talents, immortalisés dans le clair-obscur.

Nous nous installons dans deux fauteuils rouges, à l'écart, et nous parlons de nos tentatives dans le domaine de la peinture. Tu avais créé une galerie de peinture à Marseille, mais ce projet était plus coûteux que rentable :

— J'ai exposé mes amis peintres, et finalement il n'y avait que moi pour acheter leurs créations.

— Il y a peu de gens pour acheter la peinture…

— Tu sais, de toute façon, les gens achètent des toiles en fonction de la couleur de leur canapé !

À cette idée, nous sommes prises par le rire.

— J'ai moi-même donné dans ce domaine. Je respecte la peinture, je la vénère, même. Mais j'ai eu envie de bousculer le temps et une vingtaine de toiles conceptuelles dorment dans ma maison de Provence. C'était un concept saugrenu, qui s'apparente au surréalisme : un décalage créé par l'inclusion d'objets modernes sur de grandes toiles d'impressionnistes tels que Van Gogh, Monet, Gauguin, Manet et Caillebotte. Cette transposition prolonge l'œuvre de l'artiste, comme s'il vivait au XXIe siècle. Pur produit de l'imagination, mais avec une dimension métaphysique aussi, puisque l'on prolonge le geste imaginaire du peintre. Avec humour, bien sûr, sans se prendre au sérieux…

— Mais merde ! Ton projet est génial ! Essayons de le médiatiser. Il faudrait exposer ces œuvres dans des jardins publics ! Et je serais ta marraine !

Un rêve, encore… Les galeristes sont des hommes et des femmes d'affaires, pas des créateurs.

Écrire

Oui, Florence se dévoile pour que je la connaisse vraiment. Elle sait que tout ce qu'elle me dit peut être écrit, mis en mots, en images, puisque je suis entrée dans sa vie pour ça : écrire et la dévoiler. Elle a confiance en moi et cela me touche. Mais il fut un moment dans notre histoire où je ne savais plus si j'écrirais ces lignes. Mes sentiments étaient contradictoires. Je ne voulais pas décrire la navigatrice hors norme ou ses frasques déjà publiées dans des journaux et qui ne lui ressemblent pas. Je voulais montrer la femme qu'elle est. La vraie, avec ses univers et ses fêlures.

Dois-je écrire ce que mon amie me confie ? Suis-je là pour écrire ces quelques lignes ? Que sommes-nous devenues l'une pour l'autre ? Je ne répondrai jamais à cette question, mais j'ai senti le besoin de revivre ces instants après son décès. Une manière de partager à nouveau du temps avec elle, de rétablir son humanité, entre l'icône et les frasques.

Florence est une femme courageuse, mais désemparée face à son destin dont les planètes ne s'alignent plus. Tout va « de travers ». Sa vie avance en trébuchant depuis quelques années. Son image dans les médias lui échappe, elle, « la femme la plus désirée par les Français », n'a plus qu'un désir : parler à quelqu'un qui l'écoute, jusqu'à ce que ses larmes se tarissent. Jusqu'à ce que la douleur finisse par ne plus avoir de sens. Là, Florence s'excuse de me prendre mon temps. Je la rassure, lui dis que tout va bien, que j'aime ses coups de téléphone nocturnes.

Dès le premier entretien à Marseille, j'ai senti que si elle m'accordait autant de temps, si elle se confiait si spontanément à moi sur sa vie, ses échecs, ses amours, c'est bien parce que nous avions une connexion immédiate, une connivence et une complicité spontanées.

Finalement, un jour, c'est ta voix que j'entends :

— Alors, ce bouquin, quand vas-tu le sortir ? Non seulement j'ai eu le temps de mourir, mais j'aurai le temps de me réincarner ! Allez ! *Go ! Go ! Go !* Au boulot !

Ton rire en cascade suit.

Je te rétorque que je ne veux pas déranger. Suis-je à la bonne place pour écrire sur toi ? Je connais tous tes défauts, tous tes travers.

— Et tous mes vices ! Allez, écris !

Le rire s'estompe. Je suis bien seule à ma table, avec mes souvenirs. L'enceinte connectée crache la voix éraillée de Rod Stewart : « *The First Cut is The Deepest* » (« La première blessure est la plus profonde » – écrit par Cat Stevens).

L'absence est une lame. Les souvenirs sont quelquefois une plaie ouverte que l'on saupoudre de sel, que l'on enduit de miel, c'est selon.

Au micro d'Yves Calvi

Florence se confie :

« Les marins ne sont pas si misogynes. Je pense qu'il y a plus de misogynes à terre que sur la mer. Un marin, qu'il soit pêcheur, marin au long cours ou simple plaisancier, sait la souffrance que l'on endure sur un bateau, que l'on soit un homme ou une femme. Et ça, cette souffrance, tout le monde la respecte. »

Zorro

Je la découvre. Peu à peu ; toujours un peu plus. Qui peut imaginer que l'aventurière des mers, le grand marin devenu icône de toutes les femmes à travers le monde, le dimanche soir, est sagement assise devant France 3 et regarde avec assiduité *Zorro* ? C'est pourtant comme cela que je découvre Florence Arthaud. Assise comme une enfant calme, sereine, loin du monde des adultes, loin des infos, loin des réseaux sociaux, loin des chaînes câblées.

Florence regarde son héros : Zorro, qui signe son nom à la pointe de son épée. Son cheval noir se cabre. Issu de la bourgeoisie, l'homme masqué devient le sauveur des plus faibles, celui des sans-nom. Tout un symbole. Morale philosophique ? Florence ne rate jamais un épisode.

Cette « vision », je ne la trouble par aucune question. Je la connais suffisamment pour savoir qu'on ne dérange pas les grands fauves pendant leur sieste. Le repos du guerrier, c'est ce moment le dimanche soir où rien n'intéresse Florence que ce héros intemporel, symbole de justice et d'humanisme.

Mais qui regarde-t-elle ? Je me pose la question en silence. Certains mystères ne peuvent être percés.

Je vais là où elle se sent bien, dans ses silences infinis devant une tasse de tilleul fumante. La vie est intense, là, nous sommes liées comme deux amies, à un souffle. De temps en temps, elle rompt le silence pour me demander si je veux encore une tasse de tilleul, qu'elle s'applique à me servir. Elle sait que ma vue de myope me handicape pour viser la tasse. Je regarde sa main, petite et ferme, qui prend soin, délicatement, de verser cette tisane si rassurante.

Invitation à la traversée

Vient un jour inespéré. Tu me téléphones et de ta voix pleine de charme et de gaieté, avec pudeur, tu me proposes de faire le tour de la Corse en voilier.

Naviguer avec Florence Arthaud, je suis bénie du ciel. Je n'aurais jamais osé en rêver.

Je prends le train pour Marseille.

Tu es d'une humeur joyeuse. Nous rions pour un rien. Nous avons faim et soif. Nous allons Chez Aldo. Nous avons notre place d'habituées le long de la baie qui donne sur la Méditerranée. Nous commandons une bouteille de rosé. Le restaurant est bruyant – juste ce qu'il faut – en ce début d'été. À la deuxième bouteille de rosé, tu me dis :

— Viens, allons finir cette bouteille à la maison.

Oui, c'est plus raisonnable. La tête me tourne, mais la vie est tellement belle, tellement pleine !

Demain, nous consulterons la météo marine pour savoir si nous levons l'ancre. Tu aimes la Corse. Tu dis avoir voyagé sur toutes les mers et que la Corse est la plus belle île au monde.

La nuit est silence. Quelquefois, tu as envie de le rompre en mettant de la musique ; jamais la musique n'est un fond sonore, un décor. La musique est au premier rang. Tu chantes et tu danses. Quand tu danses, c'est l'énergie féline, positive, la liberté qui émane de toi. Tu aimes danser. Cette énergie que tu me donnes est un cadeau.

Dans cet appartement-maison situé à l'extrême pointe de la corniche, nous seules vivons ces instants. Sans secrets, sans pudeur. Ce n'est pas un mystère. Il n'y a rien de caché, rien de trouble. C'est juste cette fusion.

Pour tromper l'impatience du départ, nous dansons toutes les deux sur ton toit-terrasse en chantant à tue-tête ton titre préféré du répertoire de Johnny Hallyday : « Vivre pour le meilleur ». Cela peut durer jusqu'au lever du jour, sur la corniche de la cité phocéenne.

Tu dis : « Je danse pour toi. »

Je veux piétiner ta solitude.

Tu t'arraches peu à peu à la mélancolie, je t'attire peu à peu, jour après jour, loin de la solitude, cette solitude des terriens, celle qui te rend triste, celle que tu n'as pas choisie et qui vers la cinquantaine, comme des millions de femmes, te tombe dessus. Icône ou pas.

Nous sommes loin d'une simple interview pour écrire un *biopic*. Nous sommes devenues proches, intimes, complices. C'est une amitié qui semble impossible tant nous venons d'univers différents, tant nos parcours de vie sont différents. Mais nous avons traversé des amours, des manques et des ruptures qui nous rassemblent. Comment se soigner de tant de demande d'amour ?

Au-delà de nos différences, nous sommes blessées par les mêmes feux, nous sommes heureuses pour les mêmes éclats de vie. Tu crois désespérément en l'avenir. Tu n'es pas une femme qui regrette : tu avances. Tu vas partir en mer et c'est tout ce qui compte aujourd'hui.

Finalement, nous restons trois jours et quatre nuits à guetter une météo favorable. Nous attendons avec impatience une fenêtre pour lever l'ancre.

À bord

Enfin, nous quittons le port de Marseille à bord de *Largade*. Tu es à la barre, souveraine, joyeuse comme un enfant. Inoubliable.

Le ciel est orange, c'est la fin du jour. Le port s'éloigne lentement, puis c'est au tour de la ville de disparaître à l'horizon. Nous quittons la terre. Tranquillement.

Nous partons vers l'île de Beauté. La beauté est déjà là, dans cette mer lisse qui nous amène en glissant vers notre première traversée.

La belle aventure.

Nous nous parlons peu. Le spectacle à cette heure est immense. La joie tape dans mon ventre, dans mes tempes. Je suis vivante, moi aussi, comme un enfant.

Tu me racontes comment tu trompes la solitude à bord de tes différentes courses. Fumer te tient éveillée jusqu'à t'en brûler les doigts. Ouvrir une conserve de couscous préparé par ta mère Anne-Marie. Et dans les moments les plus périlleux, tu tutoies Dieu. Tu parles toute seule à voix haute pour te donner du courage, pour tromper la peur dans ces moments où les navigateurs perdent confiance et se demandent : « Pourquoi suis-je là ? »

Tu me racontes aussi la fatigue jusqu'à l'extrême, qui te fait voir des bateaux fantômes.

Éric Tabarly, grand navigateur que tu admires au-delà de tous, car « il est le premier à avoir battu les Anglais », rappelle que l'univers de la compétition n'est pas fait pour tout le monde : « Naviguer est une activité qui ne convient pas aux imposteurs. Dans bien des professions, on peut faire illusion et bluffer en toute impunité. En mer, on sait ou on ne sait pas. »

Tu sais te repérer aux étoiles et tu en es fière : venir d'une autre époque, faire partie des marins d'autrefois. La voile et les compétitions sont toujours au cœur de tes préoccupations. Tu me racontes que dans la course transatlantique New York – Brest de 1990, en solitaire, tu bats de deux jours le record de Bruno Peyron, un marin chevronné. C'est avec satisfaction que ton sponsor apprend ta première grande victoire sur un homme. Ce que tu retiens avec émotion, mais pas seulement : à ton arrivée à Brest, il y a Anne-Marie, Jacques, mais aussi une silhouette bien connue du public, qui lui aussi, en grand marin, reconnaît ton exploit. C'est Olivier de Kersauson. Olivier te jette des brassées de roses. La mer se transforme en un champ de fleurs. C'est comme une déclaration d'amour. Quand tu évoques ce moment, tu me dis que ce record est une victoire, mais que cette brassée de roses reste à jamais un de tes plus beaux souvenirs.

Tu hisses les voiles. Tu les règles, les ajustes, tu les surveilles. Tu veilles déjà sur les vagues. Tu sens le vent. Tu descends dans le carré. Tu ranges. Tu prépares la table à cartes. Tu es si calme. Je te regarde. Je ne perds aucun de tes mouvements. Un rythme lent s'installe sur le bateau.

L'amitié est un amour fait de sensualité ; des effleurements de la peau qui troublent. Nos mains se frôlent souvent sur le bateau. Tu me tends un « bout » que tu appelles « ficelle ».

— Tiens, tire sur la ficelle rouge.

Le trouble est exacerbé par notre proximité constante. Florence est un animal. Une panthère, une femme, un marin. Comment mieux te définir, tu es tout cela à la fois. Ta crinière exhale un parfum de sel et de fougères.

N° 5 de Chanel te porte très bien.

Ces moments qui dureront trente-six heures sont inoubliables. Le temps d'une traversée vers Calvi. Au rythme du vent. Sans moteur, même s'il n'y a plus de vent. Tu as décidé de prendre le temps.

Peu à peu, nous ne faisons plus partie des terriens. Nous ne reviendrons plus en arrière, quel que soit le temps. Bientôt nous n'aurons plus de réseau, plus de message du monde extérieur. Chaque seconde je mesure ma chance d'être avec toi, au large. La mer, ce soir, sera infinie. Notre amitié palpable, lisse comme le caillou, solide comme la pierre.

Dans une assiette creuse, tu m'as préparé un dîner royal.

— Tiens. Il faut manger, en bateau.

— Et toi ?

— Moi, je n'ai pas faim pour l'instant, je t'ai préparé ça avec amour.

Que puis-je répondre… Juste « merci ».

Pendant notre traversée jusqu'en Corse, tes attentions sont si délicates. Tu me prépares des salades composées avec ce que tu trouves à bord. Tu me tends une assiette généreuse avec un sourire et tu me redis :

— Mange, quand on navigue, il faut manger. Le corps a besoin de ça.

Toi, tu te nourris peu. Ta résistance à l'effort, à la faim, au sommeil est réellement hors du commun.

Durant cette traversée, depuis le port de Marseille, après avoir dépassé les îles du Frioul et quitté les côtes, au large, tu navigues, pleinement heureuse, ne ménages pas tes pas. Tu surveilles tout à la fois, la météo marine, le battement du vent dans les voiles. Tu t'assures de mon état: ai-je faim, soif? Ai-je sommeil? Tous tes sens sont à l'écoute de la nature qui nous entoure, mais aussi de la passagère que tu as embarquée; totalement inexpérimentée en matière de navigation et pas meilleure en cuisine!

Tu ris de mon regard de myope, du son de ma voix un peu trop basse. Mais ce rire est sans méchanceté aucune. Tu es juste étonnée de notre duo, toi qui sais préparer des repas à l'improviste pour dix personnes et qui dis très souvent:

— Je ne suis pas une terrienne, la mer est ma maison.

Oui, je te regarde et ton bonheur d'être au milieu de l'océan est plus fort que tous les plaisirs que tu as à terre. Tu observes le ciel, et le silence à bord se fait limpide. À ton contact, j'ai le sentiment d'être connectée au monde de la mer. J'observe ce que tu me montres: quelques dauphins sur notre route, qui sortent à peine de l'eau, sans bruit. Ils ne sont que des ombres qui bruissent dans l'air nocturne.

J'ai aimé notre nuit sans sommeil. Nuit profonde où nous n'étions plus que deux ombres.

Toute la durée de la traversée, nous avons navigué à la voile. Tu es restée à la barre. Les reflets de la lune éclairaient la mer derrière toi. Tu me diras plus tard que, de toute façon, tu n'avais pas rempli le réservoir d'essence !

Calvi

Arrivées au port de Calvi, nous prenons quelques heures de repos. Avant d'être réveillées par la voix venant de la capitainerie par la radio VHF.

Florence demande :

— Où puis-je amarrer ?

La voix de l'homme, agacée :

— À côté des yachts !

— Lesquels ? répète posément Florence.

— Les YAAAACHTS ! hurle la voix, énervée.

Florence répond aussi fort :

— C'est Florence Arthaud... Quels yachts ???

Un silence sans fin va suivre.

La voix revient. Soumise.

Il s'explique plus calmement, précisément.

Elle ne fera aucun commentaire sur cet incident. À la simple annonce de son identité, la navigatrice sait que cela calme les plus machos : elle a conscience de son image.

Le lendemain, Florence grimpe en tête de mât pour libérer une drisse. Un attroupement se forme autour du voilier. Qui est cette femme perchée là-haut, si tranquille ? Quelques-uns la reconnaissent. Personne n'osera l'aborder.

Le soir, tu décides d'aller passer la soirée Chez Tao, lieu mythique de Calvi, que Jacques Higelin a chanté. Planté au-dessus de la baie de Calvi, c'est un lieu magique. Tu y connais tout le monde et surtout tout le monde te connaît ou te reconnaît. Tu es ici chez toi, comme beaucoup d'artistes, de chanteurs, d'actrices.

— Tu me prends un « gin-tonic pour marin », s'il te plaît ?

— Un « gin-tonic pour marin » ? C'est-à-dire ?

— Beaucoup de gin, une pointe de tonic !

Ce soir-là, la salle est calme, chacun sirote en parlant, par petites tables. Tu retrouves toute l'énergie de ta jeunesse. Tu as envie de danser. Nous sommes arrivées la veille. Nous avons dormi trois ou quatre heures depuis le départ de Marseille. Je ne peux que t'applaudir et t'encourager du regard et du pied, épuisée.

Tu danses seule pendant une dizaine de minutes. Ta gaieté déroutante, ta force de vie, ton énergie me clouent sur mon fauteuil, bien enfoncée. Je te regarde danser.

Brusquement, tu as envie de réveiller la salle entière. Tu pars chercher, en dansant, chaque groupe à chaque table. Finalement, en un clin d'œil, tu transformes l'atmosphère feutrée en une piste de danseuses et de danseurs déchaînés qui dansent autour de toi.

Soirée inoubliable. Tu as « mis le feu » …

Vents contraires

Avec toi, chaque jour, je cours après une magie que je n'ai pas. Faire le tour de la Corse avec toi et ton Bylka, c'est un rêve tant attendu. Pourtant, notre bulle, notre traversée s'arrête ici, le pied à peine posé à terre. En mer, il n'y a que nous. Ici, à quai, il y a le reste du monde. Tu es toujours à fond dans la vie. Sur terre, en mer, chez toi, n'importe où, l'énergie qui t'anime est indéfinissable. Pour la première fois, cela nous est nuisible.

Je ne suis pas à la hauteur de ce privilège. À peine arrivée à quai, il faut reprendre la vie. Le retour à terre me désoriente, notre bulle de silence et d'harmonie n'est plus. La fatigue m'envahit, me terrasse. À la première étape, je me dégonfle et tu n'insistes pas. Le manque de sommeil me rend stupide. Je te laisse partir. Nos vents sont contraires : tu es exaltée, je suis éreintée.

Je sais que je suis dans l'erreur. Mais c'est trop tard. Je n'ai pas su te faire confiance. C'est notre première rupture. En même temps que la silhouette de ton bateau s'éloigne, sur ce quai en Corse, le rêve s'évanouit. Immobile. Je ne peux même pas te dire au revoir d'un signe de la main. Je suis tétanisée. Je t'en veux. Je m'en veux aussi.

Brutalement, je suis en exil, mon billet d'avion déjà dans la poche. Retour vers Paris. Sur le tarmac de l'aéroport Sainte-Catherine, mille fois, je me maudis. Mes regrets sont infinis. Je m'envole, mon envie de naviguer avec toi est toujours là, mais les va-et-vient entre terre et mer sont plus violents qu'une tempête. Tu as l'habitude, moi je suis submergée, à terre.

Je crains cette rupture. Mais c'est inutile. À peine arrivée à Paris, mon téléphone sonne : c'est Florence. Tu ne m'en veux pas. Nous n'en reparlerons jamais.

Pour te suivre, il m'aurait fallu vingt ans de moins.

La petite fiancée de Montredon

Lorsque je te rejoins à Marseille, je m'invite dans tes habitudes.

À la Madrague de Montredon, Florence connaît toutes les vies, tous les deuils, tous les mariages. Elle s'intéresse à tous les gens qu'elle croise :

— Tu as retrouvé ton chat ?

Des mots simples.

Florence échange avec les pêcheurs.

— Est-ce qu'il y avait du poisson ? Comment était la mer ? Il commence à faire doux, c'est agréable !

Les gens du quartier lui parlent comme à quelqu'un de la famille. Elle passe devant la porte de l'épicier :

— Bonjour, comment ça va ? Je passerai te payer demain !

Cette vie des calanques de Marseille est la sienne.

Un sourire, un rire sec et franc, Florence secoue sa chevelure, continue son chemin de son pas chaloupé jusqu'au Bar des Amis. L'ambiance y est toujours la même, la télévision accrochée au mur débite ses images en boucle, son coupé. Florence, indifférente aux informations et aux faits divers, a sa table sous le téléviseur. Les catastrophes, les meurtres, les mauvaises ou les bonnes nouvelles ne l'intéressent pas. Même lorsqu'elle est terrienne, Florence reste l'âme et l'esprit au large, au grand large. Seul le présent, le matin, l'intéresse : parler aux consommateurs, amis du Bar des Amis, échanger avec de vraies personnes.

La patronne connaît bien Florence. C'est toujours le même rituel, elle lance :

— Comment ça va, Florence ?

— Bien, et toi ?

— Oh, moi, ma chérie…, comme le temps. Je te sers comme d'habitude ?

Puis elle se plonge dans les mots fléchés d'un journal déposé sur une table voisine. La patronne lui apporte un quart Perrier qu'elle sirote à petites gorgées. Florence chausse ses petites lunettes, qu'elle perd et renouvelle tout aussi souvent.

De temps à autre, un pêcheur entre :

— Eh, bonjour Florence ! lance-t-il, l'accent chantant.

Elle lève les yeux, retire ses lunettes. Sa voix est claire, enjouée, ton timbre est grave. Elle lui sourit et lui pose des questions sur la mer la nuit dernière.

— Ah ouais, c'était pas très calme…

Qui parle ? Toi ou le pêcheur. Je ne sais pas. Vous parlez le même langage. Toi, l'accent en moins. Vous êtes dans la même bulle, vous possédez les mêmes données, elles sont en vous, vos logiciels sont identiques, vous échangez vos paramètres. Ce dialogue tous les matins avec les pêcheurs, c'est l'évidence de ta vie.

La mer, ses humeurs, ses rugissements, sa révolte, le vent et sa puissance, la houle et sa force, le bateau et ses bruits. Le retour à quai. Offrir ou vendre les poissons qui frétillent encore. Dans ce bar, tu vibres à l'unisson de ces pêcheurs. Nous, les autres, la patronne derrière le bar et moi accoudée au zinc, nous sommes hors de votre monde. Rien n'est expliqué entre vous. Vous échangez à l'instinct.

Deux heures s'écoulent dans une joie paisible, un bonheur tranquille. Vivre tranquille te suffit, aimer ceux que tu croises au hasard de ta balade du matin.

Florence aura laissé sa trace de gentillesse dans ce quartier. Elle n'aimait rien tant que ces échanges d'amour cachés derrière des mots banals. Il n'y avait pas de jeu, pas d'ennemi potentiel, tout le monde aimait Florence.

Elle était aussi « la petite fiancée de Montredon ».

À l'inverse, lorsqu'elle revient d'une course, elle répond à de multiples journalistes qui ne lui posent que des questions attendues, ils sont dans la routine de l'interview. Elle répond toujours avec humilité, celle de ceux qui en sont revenus. De là-bas. De là-haut. De cette nuit pleine de fantômes.

Tu ne leur dis pas aux journalistes, puisqu'ils parlent d'autre chose. Mais des bateaux fantômes, tu en as vu, dans tes courses, quand dans la nuit tu regardais au-delà du regard. À bout de forces, la nicotine te tenait à fleur de vie. Tu gardais ta cigarette jusqu'à ce qu'elle commence à te consumer les doigts. La brûlure de la braise te ramenait à la veille. Ne pas dormir. Alors tu parlais seule, tu criais seule, tu hurlais au-delà des bourrasques, par-dessus les murs de vagues. Tu hurlais ton désir de vivre. Ton désir de combattre encore. De revenir à terre. En vie. Tu hurlais, tu criais et tu parlais à Dieu en le tutoyant.

Tu hurlais ton amour pour un homme, les lèvres craquelées par le sel. Prisonnière à la barre, tu tenais le cap. Cette soif de vivre, cette soif d'aimer, tu la tenais là dans tes mains. C'est toi qui décidais de ton destin, de ta vie, de ta mort. C'est ça que tu voulais tous les jours, depuis longtemps. Tu te souvenais avoir pris la barre pour la première fois à la place de ton père lorsqu'il avait été assommé par la bôme. Inconscient. Tu étais rentrée dans le port de Marseille, ce port si majestueux et si impressionnant. Avec audace tu avais pris le contrôle du voilier, du haut de ton adolescence. Tu avais manœuvré dans le port, tu l'avais apprivoisé.

À cet instant, tu avais pris conscience de ta vie.

Il n'y avait plus de doute. C'est cette vie-là que tu voulais. La navigation.

Ce combat contre la mer. Ou plutôt avec elle.

Les journalistes ne pouvaient pas comprendre. Les pêcheurs savent. Les ouvriers de la mer, tu les respectes. Ils te respectent. Chaque matin, j'ai assisté à ces scènes. Nous avions beau regarder, écouter, nous, les autres, nous étions hors jeu.

Parfums d'Algérie

Florence est très liée aux pays d'Afrique du Nord, en particulier l'Algérie, dont sa mère est originaire, ainsi que ses grands-parents. La musique, la nature et ses parfums : Florence a gardé l'essentiel du pays de ses ancêtres. Préparer des repas pour ses amis est pour elle une vraie cérémonie. Le couscous est sa grande spécialité, avec tout ce qui vient de la mer – elle y consacre tout l'après-midi.

Lorsque ses amis arrivent, avec l'attention et la délicatesse des gens du Sud, Florence remplit leurs verres, s'assied et leur pose des questions.

— Alors, qu'est-ce que tu deviens ? Tu arrives d'où ?

— Je convoie le bateau de Loïc. J'ai prévu de m'arrêter aux Açores, et je poursuis ensuite jusqu'à Pointe-à-Pitre.

— Et comment vas-tu faire, si je ne suis pas là pour barrer pendant ton coup de pompe ?

— Eh bien, tu vas me manquer !

— Ça me fait plaisir que tu sois là ! Tu sais que tu es toujours le bienvenu…

Florence a l'amitié fidèle.

Les navigateurs, partis longtemps en mer, peuvent débarquer chez elle à Paris, dans son appartement improvisé dans la maison familiale du XVIe arrondissement ou à Marseille, dans son duplex qui s'ouvre sur le large. Cette ambiance, Florence la cultive, elle aime les gens, elle en est curieuse. La soirée se déroule souvent de la même manière : apéritif, rires, dîner délicieux, musique. C'est simple, chez Florence, nous sommes dans un « ailleurs ».

Une boîte en carton

De retour à Paris, au début de l'année 2011, nous sommes allées acheter de la moquette pour sa chambre. Florence a tenu à emporter tout de suite ce morceau de moquette mauve qui pèse une tonne.

Nous voilà sur le boulevard, en plein Paris haussmannien, à tirer ce lourd fardeau. Évidemment, nous sommes prises de fous rires constants :

— Allez, on repart…

Nous la portons jusqu'à une station de taxis. Le chauffeur nous regarde, moitié effaré, moitié moqueur. Florence, à grands coups de poing, fait rentrer la moquette dans le coffre. Sans transition, assise à l'arrière du taxi, tandis que je reprends mon souffle, Florence me parle de la vie du Christ. Cette femme est étonnante d'intelligence, d'humanisme et de mystère.

Arrivée chez elle, Florence prépare un dîner à la vitesse d'une navigatrice. De petites soucoupes accueillent du tarama, des tomates cerises, des légumes qu'elle aime préparer à sa façon. Le tout arrosé d'une bouteille de rosé ; nous trinquons.

— À nous ! On a bien travaillé !

Par la fenêtre, on aperçoit les lumières de la tour Eiffel.

Après le dîner, nous sommes dans sa chambre ; la moquette, aux couleurs de son voilier, est posée. Florence va chercher une boîte en carton et, assise en tailleur, elle en sort des photos qu'elle me commente :

— Mon frère Jean-Marie ne faisait pas que de la voile. Tu savais qu'il aimait aussi faire de la photo ?

Florence sort plusieurs clichés de cette époque en mer Méditerranée :

— Une époque heureuse…

Jean-Marie était un garçon réservé, qui parlait peu. Dès que Florence l'évoque plus en détail, les larmes lui montent aux yeux. Les photos défilent, nombreuses, d'une autre époque : l'équitation, le ski, les vacances aux Issambres. Des images pleines de reflets de bonheur.

Florence brandit une photo :

— Regarde, là, j'ai douze ans !

Le ton de sa voix s'est assombri.

— Tu vois ?

— Oui, je vois.

— J'ai l'air d'avoir huit ans, non ?

— Oui, ta petite coupe de cheveux au bol, c'était le passage obligé.

Florence se fige.

— Oui, je suis une enfant. En tout cas, j'en ai l'air.

Assise en tailleur sur ta moquette, dans ta chambre d'enfant, rue de la Tour, tu as envie d'aller plus loin dans la confidence.

— Quand j'avais douze ans, j'ai été victime d'un abus sexuel par un ami de mon père.

Silence. Mes yeux restent rivés sur la photo. Je ne trouve rien à dire pour alléger la situation, aucune parade. Le courage me manque et je suis impressionnée par le tien.

— Le pire, c'est que mon père m'a rendue coupable. C'était moi qui étais responsable de l'acte commis par ce mec abject !

Tu continues sur un ton laconique, comme frappée par ce que tu revis en regardant la photo.

— J'ai avorté.

Vouloir dire ici ce que tu n'as jamais dit. Cette violence que tu as subie à peine sortie de l'enfance. Cette blessure que tu gardais en toi depuis si longtemps. Je ne m'y attendais vraiment pas. Je comprends maintenant ton attitude avec les hommes. Tu ris en disant, à propos d'un mec :

— Je l'ai attrapé par le col et je lui ai dit : « Baise-moi. »

Tu plaisantes sur ces scènes où c'est toi qui domines un homme. Ce n'est pas innocent. C'est ta revanche sur l'humiliation d'une petite fille que personne n'a su protéger. Pire, qui a été traitée comme une provocatrice, comme une putain. Ce sont tes larmes cette nuit-là, qui m'ont fait comprendre tes excès : cocaïne, alcool. Tu étais seule au monde, vaincue et icône. Le visage barbouillé de larmes d'un côté. De l'autre, la femme libre des interviews.

Une femme libérée. Mais à quel prix ? Après avoir avalé quelle douleur ? Quelle injustice ? Dans ton histoire, il y a un abîme : c'est celui-là.

Je t'admire pendant que tes yeux d'enfant laissent couler les larmes jusque sur la moquette mauve de ta chambre. Je suis impuissante. Je n'ose pas t'approcher. Te prendre dans mes bras. Je bredouille des mots : terrible, injuste, révoltant. Ce moment est le plus triste souvenir entre toi et moi. Pourquoi ne puis-je rien effacer de cette douleur ? Ça aussi, c'est injuste, ne pas pouvoir l'effacer avec de l'amour, l'amour le plus pur, l'amour le plus simple, celui d'une femme pour sa sœur de voyage.

Question de silence

Notre relation est si atypique que nous ne nous prévenons qu'à peine lorsque l'une ou l'autre fait un voyage à l'étranger.

Nos smartphones, de tous les éloignements, ne nous éloignent pas. Sauf en cas d'épuisement de nos batteries.

À Berlin, je cours de galerie d'art en galerie d'art. La batterie de mon portable est à zéro. Tu as pour habitude de me joindre à n'importe quelle heure du jour ou de la nuit. Nos échanges sont ponctués par des silences apaisants. Mais un silence persistant est pour toi un silence insupportable.

Tu as laissé une vingtaine de messages sur ma messagerie.

Ta colère allait crescendo. Puis ta voix s'écroulait. Tu ne comprenais pas ce silence. Tu hurlais. Puis ta voix se calmait. Tu laissais un message doux et triste.

Un élan particulier

De temps à autre, par petites touches légères, Florence s'informait de ma vie. Comment et quand ai-je su que j'aimais les femmes ?

La question était compliquée, car la réponse n'est pas simple. Je lui présentai alors une anecdote symbolique :

— En 1968, j'ai dansé un slow. Toutes les filles étaient amoureuses de ce garçon avec qui je dansais. Je ressentais que j'avais parfois, comme tout le monde, un élan particulier, impalpable, qui s'appelle le désir. Mais cela ne se manifestait pas durant ce slow langoureux. Et les garçons sont restés mes meilleurs copains.

Florence ne fait jamais aucun commentaire sur les choses de l'intime.

Elle respecte.

Elle me posera finalement la question qu'elle a mis, par délicatesse, des mois à me poser :

— Comment as-tu eu ton fils Nicolas, qui est si beau et magnifique ?

— J'ai simplement prié pendant deux mois d'été. En septembre, il m'a été annoncé par un rêve prémonitoire. Et une incroyable proposition d'adoption s'est présentée…

Florence trouve cette aventure belle et forte :

— Ce n'est pas un *biopic* sur moi qu'il faut écrire. Raconte ton histoire.

— Certainement, un jour.

Internet

Florence n'est pas très familiarisée avec l'informatique, ce qui pendant la Route du Rhum en 1990 a failli lui coûter très cher. Le « tableau informatique » de *Pierre Ier* s'était renversé, il ne fonctionnait plus, obligeant la navigatrice à rester à la barre sept jours sur sept avec des pauses d'un quart d'heure, dites « mini-siestes », comme tous les marins les pratiquent. Ces courtes pauses permettent de tenir sans sommeil pendant plusieurs jours. Il faut de l'endurance, un bon équilibre mental et une résistance physique hors norme, premières qualités d'un sportif de haut niveau.

À Thierry Ardisson qui l'interrogeait sur sa résistance au manque de sommeil, elle répondit : « Ne pas dormir pendant sept jours, tout le monde peut le faire. » Ce n'est pas tout à fait vrai et elle le sait, mais ce sur quoi la navigatrice veut insister alors, c'est sur sa stratégie : avoir pris la route la plus directe, appelée « la diagonale du fou », tant elle est dangereuse. Il faut non seulement avoir le courage, la résistance, mais aussi l'audace de Florence pour choisir cette trajectoire. Elle est de la génération des marins qui savent encore naviguer au sextant, un instrument de navigation utilisé notamment pour faire le point loin des côtes en relevant la hauteur angulaire d'un astre au-dessus de l'horizon. L'informatique, ce n'est pas son univers.

« Faire fumer la poudre »

Cette expression nautique signifie que le bateau file à vive allure. C'est une position périlleuse pour le voilier et le skipper, mais le bateau est au meilleur de son potentiel.

Sans la compétition, ta vie perd de sa saveur. Ton esprit a besoin d'expériences fortes, celles que tu vis au large, la vitesse, les embruns, les couchers de soleil sur l'horizon, les levers de soleil qui donnent l'impression d'assister à la naissance du monde.

L'exaltation fait partie de ta vie, mais il n'y a plus de sponsors. Tu le sais maintenant, cela n'arrivera plus. Les grandes aventures amoureuses non plus.

Que ce soit à Paris, à Marseille ou à Calvi, la vie est devenue plus terne.

Nous sommes, Florence et moi, dans une période nostalgique.

Tu es venue me voir, quelques mauvaises habitudes reviennent : boire un peu trop, veiller tard. Nous avons fait « fumer la poudre ». Le rire est un peu artificiel.

Puis, chez Castel, nous allons au bout de la nuit.

Le lendemain, tu as une conférence à Paris, pour une compagnie d'assurances, qui a lieu à la tour Eiffel. Il faut bien gagner de l'argent !

Je te vois arriver sans aucune note. Je t'ai accompagnée maintes fois à la télévision, à la radio. Tu débarquais comme si tu sortais de ton voilier. Pas coiffée, pas maquillée. C'était beau. Habitués à la tyrannie du paraître, les gens sont toujours surpris.

Tu illustres tes propos sur la résistance au froid, à la peur, à la solitude. Tu as apporté quelques vidéos. Tu expliques la capacité de l'être humain à surmonter les états de fatigue extrême ou de désespoir profond. Comment le mental, la relaxation, la conscience modifiée peuvent aider à nous dépasser. De courtes pauses de sommeil, quelques minutes à peine pour récupérer. C'est une méthode, ça s'apprend.

Après ton exposé, nous allons dîner. Tu passes d'un univers à un autre avec la souplesse d'un chat. Fascinante de spontanéité, d'intelligence.

Chute au large du cap Corse

Nous sommes à la fin de l'été 2011, je suis rentrée de Berlin depuis quelques semaines. Pour son anniversaire, Florence est partie en Méditerranée, seule sur *Largade*. Elle fait la traversée jusqu'au Maghreb.

Lors de ses échappées, Florence me téléphone à n'importe quelle heure du jour, et plus souvent de la nuit. Il n'y a pas de rupture entre nous, pas de temporalité, nous sommes dans un lien continu. Elle me parle de ce qu'elle voit, des odeurs. Elle aime l'Afrique du Nord de manière charnelle, épidermique. La mer Méditerranée est son berceau, là où a vu le jour sa passion pour les grands espaces, l'aventure, le dépassement de soi et la compétition. Sur cette mer, Florence est confiante. La Méditerranée et ses côtes, elle les connaît par cœur.

En Tunisie, elle a adopté un chaton abandonné, maigrichon, recueilli dans un port.

— Je l'ai trouvé par terre, près des poubelles, il allait mourir. Je l'ai appelé Bylka.

La mer est belle, l'air est encore doux en cette fin d'octobre. Pour sa traversée de retour, Florence avance doucement sous le vent. Bylka ronronne, heureux d'avoir trouvé une maison flottante. Il est le nouveau coéquipier de la plus légendaire navigatrice du XXe siècle. Il est assis dans le carré, à côté d'elle. Florence va voir si le vent est toujours aussi constant, elle vérifie sa voile, le pilote automatique fait son travail. Bylka la regarde à travers ses paupières mi-closes. Sa silhouette est fine, souple, à la fois douce et énergique. Florence a mis sa veste de quart. Il est onze heures du soir et l'air commence à fraîchir. Assise à la table à cartes, elle regarde sa position. Tout va pour le mieux. Ce retour dans les eaux corses s'annonce sans problème, voire idéal après deux mois en solitaire. Florence aime l'idée d'arriver doucement. Retour à la vie de terrienne. Cette fin de voyage en solitaire est un bonheur.

Elle envoie quelques textos à ses amis proches :

« J'arrive demain à Marseille. On dîne Chez Aldo ! Heureuse de rentrer au bercail, ha, ha ! »

Elle appelle Anne-Marie :

— Bonsoir, tu vas bien, maman ? Ici tout est calme. Bylka somnole. Le vent est doux. Je te donne ma position.

— Oui.

— Je te laisse regarder la fin de ta série. Je t'embrasse, Môman.

Bylka s'étire, Florence lui gratte le cou :

— Tu es bien le plus heureux des chats.

En ce qui me concerne, je suis au fond de mon lit avec une migraine infernale. Nous sommes quatre à la maison, ma compagne est là avec notre fils Nicolas et sa petite amie. Mon téléphone sonne, le visage et le nom de Florence apparaissent sur l'écran. Nous échangeons quelques phrases, je lui dis que j'ai mal à la tête, elle me parle de la mer et du vent, elle me donne aussi sa position. Comme toujours avec Florence, je m'évade, je suis avec elle en mer, avec Bylka, pas très loin.

— Moi aussi, j'ai adopté une petite chatte abandonnée et presque mourante. C'est drôle, nous les avons adoptés au même moment. Je l'ai appelée Garbo. Comme Greta.

Florence connaît mon admiration pour les grandes actrices.

— On va les marier ! Bylka et Garbo, ça sonne !

En cette nuit du 29 octobre, Florence est sereine et nous discutons à bâtons rompus. En deux années, elle a changé. La souffrance de la rupture sentimentale de 2009 s'est atténuée, voire a disparu avec le temps. Elle a de nouveaux projets : emmener des femmes sur la mer, celles qui n'ont pas la chance de naviguer, de tous les horizons, de tous les pays d'Afrique du Nord. Florence veut leur offrir cette chance. Nous nous quittons joyeusement. J'éteins la lumière, j'éteins mon portable. Le présentateur termine son émission en précisant que nous passons à l'heure d'hiver : « N'oubliez pas de changer l'heure. »

À cette époque, mon mobile ne le fait pas automatiquement.

— Merde, il faut que je le mette à l'heure !

Je le rallume. Je vois que Florence m'a laissé un message.

Sa voix claque comme un fouet : « Je suis tombée à l'eau ! »

Elle hurle et répète plusieurs fois : « Je suis tombée à l'eau ! »

Sa voix déchire la nuit. Ce cri efface la distance et guérit ma migraine. Je ne sens plus mon corps. Je visualise Florence au milieu de l'océan, comme un point sur une carte. Je ne comprends pas ce qui s'est passé. Comment est-ce possible ? Nous sommes passées en quelques secondes du calme au chaos, de la plénitude à la tourmente. Du ronronnement de Bylka à sa solitude sur le voilier qui file sous le vent, commandé par le pilote automatique.

Florence, au milieu de la nuit, est tombée à l'eau.

Mon esprit chavire lui aussi. Je m'interdis de penser. Je veux rester dans l'énergie, dans le possible, le tout possible. Elle va s'en sortir. C'est Florence Arthaud ! Commencent alors deux longues heures avec la voix de Florence qui peut communiquer grâce à son portable étanche. Marie, la fille de Florence, a eu la bonne idée de dire à sa mère : « Achète un portable tout-terrain. »

Hors course, tomber en mer, la nuit, sans assistance : pour connaître beaucoup d'histoires sur la mer, je sais que, dans ces conditions, personne n'est jamais revenu d'une chute. C'est comme ça que l'immense navigateur, l'idole de Florence, Éric Tabarly, a disparu ; il n'était pas en course, c'était un voyage de plaisance. La bôme l'a déséquilibré.

À ce moment précis, je ne pense pas à Éric Tabarly, mais Florence pense à lui. Moi, j'essaie de lui parler calmement. Un va-et-vient s'installe entre le silence pesant dans mon appartement et la voix de Florence qui faiblit d'appel en appel. Le silence est assourdissant ; pourtant nous sommes quatre, ma compagne, notre fils et sa petite amie, tous les quatre muets.

Nicolas regarde sur Internet la température de l'eau au large du cap Corse.

— Elle fait 17 °C !

Sans commentaire.

Ma compagne, admiratrice de Florence, et qui sait naviguer, ose prononcer :

— C'est Florence Arthaud, elle va s'en sortir, elle peut tenir…

Nous joignons le CROSS (Centre régional opérationnel de surveillance et de sauvetage) en Corse. C'est Nicole qui les appelle, moi j'en suis incapable. Je soutiens Florence par téléphone. Ma compagne leur donne sa position. Je saurai plus tard qu'Anne-Marie et Hubert, son frère, les ont eux aussi appelés. Le CROSS a envoyé deux hélicoptères de secours. Malheureusement, ils sont d'abord partis vers l'île d'Elbe. Florence n'a presque plus de souffle. Je lui donne de l'espoir :

— Les secours arrivent, ne t'inquiète pas !

— J'avale de l'eau !...

Sa voix est presque inaudible. La conversation est hachée. Florence rappelle plusieurs fois. Je la rappelle quelquefois dans le vide. Puis le miracle arrive : les pilotes de l'hélicoptère localisent Florence.

Hélitreuillage.

Je téléphone à nouveau :

— Oui, elle est en vie, me répond-on. En hypothermie, c'est tout ce que je peux vous dire. Elle va être emmenée au CHU de Bastia.

— Merci, capitaine…

Ma voix s'étrangle.

— Pas sûr que quelqu'un d'autre aurait survécu.

Je peux ouvrir les vannes. Nous nous regardons, tous les quatre : nous avons assisté en direct à une mort possible, puis à une résurrection, un miracle.

Les chansons corses traditionnelles que tu aimais tant, je ne pourrai plus les écouter sans nous revoir en Corse. Cette île que tu considères comme la plus belle au monde. Tu aimes ses marins et ses paysans, qui te le rendent bien. Ta simplicité rejoint la leur. L'authenticité rassemble. La mer du cap Corse n'aurait pas pu t'engloutir.

À dix heures le lendemain matin, Florence sort de l'hôpital. Son objectif : retrouver Bylka vivant sur son voilier. Ce sera chose faite dans la matinée avec l'aide du CROSS de Bastia. Les journaux auront juste le temps de titrer : « Florence Arthaud sauvée d'une noyade en Corse. »

De retour à Paris, elle s'excusera de la peur qu'elle nous a fait vivre. Nous boirons cette nuit-là suffisamment de verres pour fêter son retour de terrienne.

Quelques jours plus tard, invitée au Journal de 20 heures de David Pujadas, habillée tout en noir, Bylka sur ses genoux, Florence dira :

— Le diable n'a pas voulu de moi.

La nuit de trop

Il va y avoir bientôt trois ans que nous sommes inséparables.

Après avoir passé un été dans ton studio, dans le port de la Madrague, je suis tombée en amour de ce petit port marseillais. Je décide d'acheter un appartement à côté du tien. Pour obtenir un crédit, la banque me demande de faire une analyse de sang.

J'ai déjà fait plusieurs fois des tests. Bien qu'ayant joué avec le feu et jonglé avec les drogues et les seringues il y a quelques décennies, je suis passée entre les gouttes. Je ne m'inquiète donc pas. Le résultat se fait attendre. Je décide de me rendre jusqu'à Saint-Lazare au laboratoire. Il fait beau, j'aime marcher dans Paris. La vie est jolie, je me promène en traversant le parc Monceau. Tout a fleuri. Ce parc est celui de mon enfance et de celle de mon fils. Je lambine. Vraiment la vie est belle : je vais acheter cet appartement à côté de chez toi.

Je me suis assagie depuis que j'ai rencontré ma compagne. Voilà presque trente ans que « tu m'as promis tes yeux, si je ne peux plus voir, tu m'as promis tes mains pour que je les embrasse… J'y crois comme un enfant, comme on peut croire au ciel… ». Je chantonne tout le long du chemin qui mène au laboratoire. L'infirmière ouvre l'ordinateur, regarde les résultats. C'est une amie, elle me charrie tout en lisant : « Tu n'as pas de cholestérol ! » Elle continue de lire. Puis elle me regarde très sérieusement et m'annonce : « Tu as une hépatite C ! » Voilà, je retombe, je bascule dans ma vie de « je veux tout essayer » : un shoot, une seringue, une nuit blanche, puis deux, puis plusieurs. Je ne me souviens plus où… Quand ? Qui ? Lequel ? La seringue a tourné. J'ai essayé. Juste quelques mois. C'est trop. C'était la nuit de trop. La blanche m'a refilé son hépatite C.

Pas de crédit. Pas d'appartement. Dans cette nouvelle il y a un rêve qui se brise. Le cadeau empoisonné est livré. Il n'y a plus qu'à l'ouvrir. Hôpital Saint-Denis, hôpital ici, hôpital ailleurs. Les salles d'attente, les blouses blanches, les prises de sang. Hôpital Cochin : c'est la chance de ma vie, je fais partie d'un protocole. Nous sommes une dizaine en Europe à en bénéficier.

Les médecins sont des femmes, très à l'écoute. Le protocole est sévère. J'arrive à jeun, quand il fait encore nuit. Je parcours les couloirs tous les lundis. Au milieu de tout ce tumulte qui monte au fur et à mesure de la matinée, je subis les tests, docile. Je ne suis presque plus personne. Toi, l'aventurière, tu es partie en Tunisie, puis tu as remonté la côte italienne. Tu suis par téléphone mes mésaventures, tu me rassures. Oh, comme tes textos me font vivre « ailleurs ». Je suis en mer avec toi : Capri, Rome. C'est ton anniversaire, tu veux rester seule.

Arrive ce naufrage à la hauteur du cap Corse, que je vais vivre en direct depuis mon salon du XVIIe arrondissement avec Nicole, ma compagne, Nicolas mon fils et sa petite amie de l'époque.

Lorsque tu es sauvée, revenue à nous, nous passons la nuit à nous enivrer. C'est le dernier jour de mon protocole. Nuit blanche. Une nuit de trop. Je dois prendre ma chimiothérapie à heure fixe. Mais cette nuit est une nuit de fête : je croyais t'avoir perdue… Tu t'excuses mille et mille fois de m'avoir fait si peur, perdue en mer, dans la mer cette nuit devenue si noire…

Je te dis que ce n'est rien. Nous quittons un restaurant du Trocadéro pour entrer dans une brasserie rue de la Tour, puis de là nous allons place Victor-Hugo, nous voulons fêter nos retrouvailles. Je ne sais plus quelle heure il est. J'oublie tout. Mon traitement, la cirrhose programmée. Le danger de mort qui rôde. Enfin, voilà, j'arrive à l'hôpital, j'ai loupé le protocole. Toutes ces semaines pour aboutir à ça. J'essaie de m'expliquer auprès des médecins, je me sens minable. Je ne suis plus personne. Je m'excuse, mais il est trop tard. Les pirouettes et les saltos arrière sont réservés à la cour des écoles. Je ne peux rien raccommoder, même avec un fil doré.

Florence me conseille de ne pas culpabiliser.

Cinq ans plus tard, le médicament miracle est commercialisé. J'ai suivi cette fois le protocole jusqu'à la fin.

Entre Hyères et Porquerolles

L'été suivant, nous avons passé quinze jours ensemble. Nous étions comme deux adolescentes. Les nuits s'étiraient jusqu'au matin. Nous avons roulé des jours en voiture, nous avons pris ton bateau. Ivres de ce mois de juillet qui semblait une rémission dans nos vies. Nous n'étions ni sages ni raisonnables et pourtant nous étions saines et sauves.

Lorsque je quitte Marseille, je rejoins des amis et ma famille dans notre maison en Provence. Notre rituel de l'été est de louer un horsbord le temps d'une journée et de profiter de la mer. Le projet est de s'arrêter dans une crique, se baigner, déjeuner, rire et chanter.

Le destin a frappé autrement.

Entre Hyères et Porquerolles, une vague soulève le semi-rigide sur lequel nous devons passer la journée en famille. Je suis projetée lourdement au sol. En urgence, nous joignons les secours par téléphone. Trois vertèbres cassées. Immobilisée. Ils suspectent une paralysie.

— Pouvez-vous bouger les doigts de pied ? demande un pompier.

Le temps semble éternel entre la question posée et la réponse de mes orteils. Nous avons tous compris le sens de la question. Mon fils est venu jusqu'à moi. Il me tient la main. Ma compagne fixe mes doigts de pieds. Mon cerveau bataille avec le sort, l'inéluctable sort. Puis, je bouge mes orteils. La paralysie est donc éloignée.

Je n'échappe pas à la longue attente aux urgences toute une journée et toute une nuit, à l'opération de cinq heures à l'hôpital Sainte-Anne de Toulon ni aux six mois de corset.

Hier, je riais encore avec toi, Florence. Deux adolescentes insouciantes sur les routes du Sud. Mais on n'échappe pas à son sort. Aujourd'hui, dans ma chambre d'hôpital, je reçois tes messages qui me disent :

« Tu as de la chance ! Moi, j'adore les hôpitaux ! »

« Oui, enfin pas dans ces conditions. »

« Dans un mois tu es sur pied ! Ça va aller. »

Ton soutien, même virtuel, me stimulait.

Pourtant.

Les effets de la morphine m'éloignent du monde extérieur et de mes douleurs. Je ne le dis pas. Je regarde les avions virevolter au-dessus de Toulon.

Les sourires de l'infirmière de nuit m'apparaissent comme une grâce.

Mon entourage se remet du choc comme il peut. Je bataille avec mon corps, avec l'angoisse de l'après.

Tes textos sont des flashs de bonheur à répétition. Tu attends de moi que je ne me plaigne pas.

Un chagrin inépuisable

Le 24 décembre 2012, comme beaucoup de gens, Florence fête Noël en famille.

Je suis également entourée des miens, plus quelques figurants. Il faut bien faire semblant. Je lève mon verre et j'avale à petites gorgées l'amertume du destin. Tout à l'heure, un lit de camp m'attend à l'hôpital de Saint-Cloud.

Un lit m'attend à côté de celui de ma sœur, dont les pupilles disparaissent de plus en plus longuement sous ses paupières. Le grand repos approche. Je traverse Paris, puis le pont de Saint-Cloud ; le grand bâtiment de l'hôpital est là. Sortir, franchir l'entrée, avec le sapin de Noël dans le hall. Je serpente dans les couloirs déserts. Un hôpital le 24 décembre, sans doute est-ce le comble de la tristesse. Tout simplement.

J'arrive dans ta chambre, tes paupières sont baissées. Je me défais des écharpes, doudounes, dans la pénombre. Je sais que tu as senti ma présence ; nous avons dormi dans la même chambre pendant vingt ans… Nos ombres se reconnaissent par cœur. Je vais dans la salle d'eau. Bêtement, je cherche une baignoire ; il n'y a que toilettes, lavabo et miroir. Ton eau de toilette de Guerlain, définitivement abandonnée sur cette tablette de salle d'eau blanchâtre. J'aperçois une veste noire, une chemise blanche, ces vêtements de fête tremblent dans ce reflet. Le flacon « Eau de Guerlain » est si beau. Mon cœur bat comme si moi aussi, avec ma sœur, j'allais disparaître. Je dépose deux gouttes de l'eau de Guerlain sur mes poignets. Je m'allonge sur le lit de camp.

Tu émets quelques paroles surréalistes :

— Ils ne trouveront rien…

Je réponds :

— Oui, tu as raison, ils ne trouveront rien. Tu as raison, Catherine.

Trois ombres ouvrent la porte de la chambre. Elles s'arrêtent au bord du lit :

— Comment ça va ?

Une autre ombre répond, la troisième pose une deuxième question. C'est juste pour parler, remplir le vide de la chambre, je suppose. La souffrance est étouffée par la morphine. La mort, fine, se glisse dans les interstices de l'héroïne. La souffrance s'efface pour laisser place à la mort. Les trois ombres sortent. De toute façon, il faut partir. L'horloge de ta vie n'a plus qu'une aiguille, celle des minutes. Les bouteilles de champagne se vident dans le monde des catholiques. Je fixe ton visage. Tu es belle. Tu es jeune maintenant jusqu'à la nuit des temps. Rien ne vient à mon cerveau, ni une prière, ni un poème. Je te regarde, je te fixe pour toujours, ma sœur.

Quelques flashs-retours d'amour

Un soir, Florence me téléphone : « Je suis invitée à dîner chez un copain navigateur. Viens avec moi. » C'est souvent comme ça. Ses invitations sont celles de la spontanéité et de l'enthousiasme. Je n'ai pas à réfléchir. Simplement à la rejoindre près de la place des Vosges. Nous sommes sept invités. L'humeur est joyeuse et festive. Florence n'est pas venue à Paris depuis une quinzaine de jours. Elle était partie quelque temps aux Antilles. Lorsque le dîner est terminé, nous formons de petits groupes séparés et l'appartement très cossu nous permet une certaine intimité. Nous nous retrouvons, Florence et moi, seules dans le salon, assises dans un canapé profond. Florence a pris tout naturellement ma main dans le creux de ses deux mains. Ce contact est à la fois chaud et naturel. Florence est troublante de tendresse évidente.

Elle a la carte

Luc Besson est informé de mon projet de *biopic* sur Florence. J'ai envoyé le synopsis à son comité de lecture. Il se souvient de la navigatrice, avec qui il a tourné un film publicitaire il y a quelques années. Il a demandé à une directrice de projet d'EuropaCorp de me recevoir afin d'en savoir plus.

Un rendez-vous est fixé quelques semaines après mon retour à Paris, début 2013. Je suis enserrée dans un corset qui m'interdit de porter autre chose qu'un jogging. J'attends au rez-de-chaussée d'un hôtel particulier du XVIIIe siècle, où trône une sculpture du célèbre artiste sénégalais Ousmane Sow. Deux magnifiques escaliers conduisent à l'étage.

Elle vient me chercher. Je m'excuse pour ma tenue, évoquant en quelques mots mon accident. Dans son bureau, j'exprime mon admiration pour l'œuvre du sculpteur africain. Elle me regarde, éberluée. Elle ne comprend pas de quoi je lui parle. La scène est cocasse et éloquente. Non seulement cette personne ne s'intéresse visiblement pas à l'art, mais elle ne semblera pas vraiment concernée par l'aboutissement du *biopic*.

Pendant qu'elle pianote sur son ordinateur, une boule d'angoisse me serre le plexus. Florence a fait quelques excès la veille, son taux d'alcool s'est soldé par quelques tonneaux. Sans plus de mal, heureusement.

Le scoop est tombé : « Florence Arthaud est en garde à vue au commissariat central de Marseille. »

J'ai quelques connaissances au sein de ce commissariat : Marie-Hélène et Malika lui apportent sandwich, coca, portable. Ces filles admirent l'aventurière incontrôlable. Florence leur dédicacera son livre, *Océane*, lorsqu'elle sera libérée, gardant un goût amer et traumatisant de cette incarcération justifiée, mais sévère, pour cause de récidive.

Et voilà ce que cette « productrice déléguée » voit s'afficher sur l'écran de son ordinateur : « Florence Arthaud en garde à vue ». Je pensais, ayant appris la mauvaise nouvelle au réveil, qu'elle me ferait grâce de cet épisode. Notre dialogue est un dialogue de sourds.

— Oui, Florence est excessive, avec l'alcool aussi.

Elle commence un questionnaire digne d'un commissaire de police.

— Et ses amours avec le rappeur, comment s'appelle-t-il, déjà ?

— Je ne sais pas, dis-je, vous parlez de Didier ?

Elle doit lire *Voici* en attendant qu'on lui applique sa couleur. Elle colporte. Elle en rajoute. Elle insinue. J'argumente :

— C'est un personnage romanesque, c'est la raison pour laquelle je souhaite réaliser ce film. Elle a frôlé mille fois la mort et renaît de ses cendres, tel le phénix.

Madame ne m'écoute pas. Elle répond à ses appels téléphoniques et rompt le dialogue, déjà difficile. Cette entrevue est douloureuse. J'ai mal au dos, enserrée par mon corset. J'ai chaud, j'ai froid. Je veux fuir.

Ma colère monte intérieurement. Nous échangeons encore quelques mots sur le cinéma. Je lui parle du film de Nicole Garcia, dont j'ai vu l'affiche dans le hall. Elle n'a pas d'avis, pas d'enthousiasme, elle ne sait pas.

Florence et moi faisons l'impossible, le « tout possible », pour combattre les énergies contraires. Hasard ou destinée, je ne sais toujours pas, mais tout décline.

Nous rencontrons un producteur qui semble très emballé par le projet d'un film sur la vie de Florence. En réalité, il multiplie les déjeuners dans un restaurant parisien branché ; il est fier de déjeuner avec la navigatrice. Cela flatte son ego. Il paraît que ce mode de fonctionnement est fréquent. Des films qui emballent des producteurs incompétents, il y en a beaucoup.

Sylvie Testud en a écrit un roman : *C'est le métier qui rentre*, devenu un film réalisé par Diane Kurys. Ce film m'a consolée de nos déboires.

Lorsque nos démarches pour la réalisation de son *biopic* sont désespérantes, Florence me remonte le moral ; prendre chaque jour comme un don du Ciel, avec ses multiples marées. Il y a les douces marées montantes et, parfois, les déferlantes.

Les docks de New York

Toi tu n'as pas la carte, mais New York tu as su la voir. Tu aimes l'atmosphère des docks. Et si tes coéquipiers hésitent à descendre du bateau, toi, au contraire, tu aimes te frotter à toutes ces vies.

Des hommes, dans l'ombre, chargent et déchargent des marchandises, licites ou pas. Des cafés improvisés clandestins, où l'on imagine les hommes fourbus devant des shots d'alcool fort et des bocks de bière. Je t'imagine aisément, avec ta démarche dansante, traverser avec un détachement élégant ces ombres, qui pour un rien se mettent en colère, hurlant dans des langues rauques. Les hommes ne t'ont jamais fait peur.

J'aimais que tu me racontes ces souvenirs très cinématographiques.

Lorsque nous nous promenons à Paris, sous les chênes rouges d'Amérique et du Japon, l'île aux

Cygnes se superpose à la baie de New York dans tes souvenirs. Sous la protection de la réplique de la statue de la Liberté, tu te remémorais la majesté de la baie de New York, par laquelle tu es arrivée en bateau. Belle échappée vers le Nouveau Monde : les États-Unis d'Amérique qui, lorsque tu avais vingt ans, étaient le symbole du rock'n'roll, des réussites faciles. L'Amérique nous faisait rêver depuis les années 1960.

L'histoire de ton grand amour est liée au grand voyage en mer et à cette bande de terre artificielle, d'une centaine de mètres de large et longue d'à peine un kilomètre. Ce fut votre Amérique et votre jardin secret. L'île aux Cygnes, à Grenelle, abrite un écrin de verdure et cet espace est témoin des rendez-vous clandestins et amoureux, de vos désirs et de l'attirance de vos corps jusqu'au milieu de la nuit. C'étaient juste des nuits volées passionnément.

Avec la statue de la Liberté comme seule complice.

Au pays d'Absurdie

Dans les soirées parisiennes, il n'est pas rare de rencontrer des individus qui sont de faux-monnayeurs de la créativité. Faux auteurs, producteurs sans talents et sans projet.

Quelques « fils de ».

Quelques « filles de ».

Florence était souvent lasse de ces invitations à des vernissages sans intérêt artistique.

Ce soir-là, nous nous rendons à une projection de film. L'installation est impressionnante : des écrans plats disposés dans l'espace, diffusant en boucle des nuages insipides. L'organisation est parfaite.

C'est magnifique, le Tout-Paris est là.

Sourire aux lèvres, je me tiens à côté de Florence, on me salue. Je suis très certainement quelqu'un d'important, certains m'ont déjà rencontrée. Ailleurs.

Florence reprend, parle, sourit, pleine de bonne volonté. Entre deux politesses, elle me souffle :

— C'est vraiment nul ces films. Toi qui aimes le cinéma, qu'en penses-tu ?

Je regarde Florence, je n'ai pas besoin d'en dire plus.

— Heureusement qu'elle a un nom, fille de producteur.

Personne ne regarde ces écrans plats qui déroulent en boucle les mêmes images.

Nous sommes avenue George-V. J'aperçois dans cette foule qui a la palme de l'hypocrisie quelques jolis visages aux sourires de façade.

La pseudo-réalisatrice au regard vide est agitée. Exubérante.

Elle semble à l'aise dans cette ineptie.

La soirée s'étire en longueur, personne ne s'intéresse à la projection. Nous sommes au pays d'Absurdie.

Finalement, nous prenons la soirée comme elle est. Un simple divertissement au cocktail excellent.

La réalisatrice, maintenant, exulte même si le lieu se vide. Florence a déjà envie de partir. Au mauvais moment, elle croise la réalisatrice qui lui chuchote quelques mots à l'oreille. J'observe de loin, assise dans le salon, un peu à l'écart.

Elles disparaissent.

Je me lève, jette un coup d'œil. Je descends les escaliers, ma colère est froide. J'ouvre la porte des toilettes et les surprends : la réalisatrice prépare un rail de cocaïne.

Florence me regarde, tétanisée. Cela fait longtemps qu'elle ne prend plus de cocaïne, et elle connaît mes expériences et mon avis sur les drogues dures. Elle sait que c'est la zone interdite.

Je tutoie la réalisatrice :

— Tu vas arrêter tes conneries et ne pas entraîner Florence !

Suffoquée, elle ne répond pas et file. Ma colère est palpable.

Je m'approche de Florence :

— Pourquoi tu as craqué ?

— Est-ce que c'est si grave ?

J'aimerais lui arracher ses peines au fond du regard, ne plus percevoir sa tristesse. Ne plus ressentir sa douleur.

— J'aimerais ne plus avoir mal.

— Ce n'est pas avec cette merde que tu auras moins mal !

Florence s'est plaquée contre le mur, les mains dans le dos.

— Je sais que tu aimerais qu'on te laisse faire ce que tu as envie de faire. Je sais aussi qu'au fond ce n'est pas ce que tu souhaites.

L'influence de cette fille, et tu as mis les voiles solo.

— Non seulement elle n'a pas de talent, mais elle est toxique. Tu sais que tu mérites une belle claque !

— Donne-la-moi, me répond Florence.

Il y a un flottement dans l'air que nous respirons. Ma droite est une caresse.

Nous remontons. Il n'y a plus que les proches, attablés.

Accoudée à un bar, la réalisatrice n'invite pas Florence à la table des proches.

J'appelle un taxi.

Boat-movie

En toile de fond, il y a dans notre amitié le cinéma et l'écriture du scénario : ce road-movie qui est plutôt un boat-movie rock'n'roll…

Florence souhaitait que je la seconde en tant qu'agent artistique, conseillère artistique… Elle détestait les conflits et devoir prendre parti. Nos rendez-vous avec un obscur producteur se succédaient sans jamais aboutir à du concret, du réel. Un vrai projet cinématographique s'éloignait. Mais notre amitié n'était pas remise en cause.

Jusqu'au jour où un piètre homme de cinéma chercha à nous diviser. C'était simple, je n'avais écrit et fait lire à Florence que quelques scènes et toutes ne lui avaient pas plu. Voir sa vie scénarisée, voir un personnage remplacer une vie de chair et d'émotions, n'était pas simple à accepter.

J'étais la première personne à évincer de ce projet. J'avais le tort d'être trop proche de Florence. Je ne fus, d'un coup, plus rien.

Mais ce moment de rupture entre elle et moi ne dura pas.

L'Odyssée des Femmes lui importait plus que tous les conflits et les rendez-vous sans issue au sein de cette production.

Elle m'a téléphoné un après-midi et nous avons repris notre conversation.

Biopic

Dans ton entourage, je suis l'intruse. J'ai la cinquantaine et pas vraiment de crédit cinématographique. Inconnue ! Qui suis-je ? Une illuminée ? J'ai touché à tout dans le domaine des arts : théâtre, entrepreneuse de spectacles à vingt-huit ans, photographe de plateau, réalisatrice de sitcoms, le curriculum vitæ d'une rêveuse-baladeuse.

Mais toi, Florence, ça te plaît. Tu me dis :

— Ouais, tu es comme moi, tu ne sais pas te vendre. Quel plus beau CV que celui que tu viens de me donner avec générosité !

— Je t'explique, parce que je suis honnête et veux l'être avec toi particulièrement. J'ai créé une société de production, mais je n'ai réalisé que des clips à l'époque où c'était la mode. Puis j'ai créé une société d'édition musicale l'espace d'un éclair.

Tu t'en moques. Nous avons dès le premier jour une entente d'être à être. C'est tout ce que tu vois. Je suis la pièce en trop dans la boîte de puzzle, pas tout à fait à la bonne dimension, mais tu m'aimes malgré tout.

L'intruse qui arrive à la fin du film, quand beaucoup t'ont déjà enterrée, et qui dit :

— Il y a une histoire, une belle histoire à raconter. Tu es encore vivante et bien vivante.

Je connais ton univers : les évènements mondains, mais aussi ton intimité, rue de la Tour chez tes parents, la maison d'Hubert à Antibes, ta tante Monique Chanson, en Corse. Tu m'y fais pénétrer très vite. Nos enfants sont dans le même collège, à Aix-en-Provence. C'est un sujet qui nous lie.

Personne ne comprend rien à notre intimité, tant pis. Ce n'est pas l'essentiel. Dans les soirées, c'est devenu ton gimmick, tu me présentes avec malice :

— Une fille qui a décidé de tourner un film sur moi.

Depuis le début de ce projet de film, j'avais l'idée de Cécile de France dans le rôle de Florence. Elle n'a pas vu les films dans lesquels l'actrice a joué. Mais un jour, après en avoir visionné un, elle m'appelle, dubitative, pour me dire :

— Elle joue bien, ta copine, mais il va falloir qu'elle muscle ses jolis bras !

Je suis convaincue de mon choix, je lui montre un second film. À la fin du visionnage de *Sœur*

Sourire, je regarde discrètement Florence et la vois essuyer des larmes. C'était sans discussion : Cécile de France devait incarner la navigatrice ! Cette fois, elle était convaincue. Les petits bras pas assez musclés, c'était du passé. Florence était tout d'un bloc. C'était oui pour toujours. Sans un mot, tout avait été dit.

Cécile de France n'en a bien sûr jamais rien su.

Florence qui, à l'origine, n'avait pas le désir de réaliser un film, s'est prise au jeu. Nous faisons et refaisons le casting. Florence dit :

— Izïa serait bien dans mon rôle, jeune.

Izïa Higelin, la rockeuse, Florence l'avait rencontrée, enfant, lors d'un séjour en Corse. Jacques Higelin, son père, avait rendu célèbre le mythique lieu de Calvi, Chez Tao, où elle passait des nuits à danser.

Dans le rôle de son père, nous décidons de prendre un bel homme. Ce fut d'abord Sami Frey. Jacques est flatté ; il le trouve assez élégant pour l'incarner. Puis nous destinerons le rôle de son père à Pierre Arditi.

Fanny Ardant est un temps envisagée pour jouer le rôle de sa mère Anne-Marie. Nous regardons des films, nous changeons d'avis, puis revenons sur nos décisions :

— Non, c'est bien elle.

Nous sommes très sérieuses.

Nos portables nous aident à effectuer des recherches sur Internet à n'importe quelle heure, et n'importe quel endroit. Nous nous retrouvons un soir au café du Grand Palais à onze heures et demie du soir devant un verre, indifférentes au bruit qui nous entoure. Nous sommes emballées par notre casting.

Le serveur, lui, n'ose pas nous aborder. Quelquefois la célébrité peut servir !

Le casting terminé, nous quittons la salle de restaurant sans voir dîné…

Lorsqu'elle vit à Paris, Florence aperçoit la tour Eiffel depuis la fenêtre de sa chambre, et chaque fois qu'elle scintille dans la soirée, elle m'envoie ce texto :

« Elle scintille. »

Seulement ces deux mots : « Elle scintille. »

Aujourd'hui, dix ans plus tard, j'avance vers la sagesse grâce à toi. Tu as fait basculer ma vie dans un autre monde. Celui du souvenir, de l'écriture et de la transmission.

« Laissez passer les rêves », chantaient Michel Berger et France Gall. Je laisse passer le mien par les fêlures de mon cœur.

Je suis restée avec mes différents scénarios jusqu'au 9 mars 2015.

Routes de Provence

Florence achète une Saab vintage cabriolet, nostalgie d'une époque bénie, lorsque les fans l'attendaient à la sortie du port, formant une haie d'honneur. La Saab cabriolet roule sur les routes de Provence. L'iPhone donne sa musique: «Jumpin' Jack Flash», des Rolling Stones. Évasion dans les années 1990. Merveilleux, le soleil, les rires, la décapotable. Pendant ces moments, nous n'éprouvons pas le besoin de nous parler. L'odeur de l'été nous enveloppe et nous oublions pourquoi la nuit nos dialogues sont habités par les sanglots. Ces moments fantasques sont une douche de bonheur intouchable. La vie à l'état brut. Par ses routes ensoleillées, nous sommes libres et unies.

Voix blanche, voix d'amour, voix qui crie, voix de sanglots, nous écoutons souvent la radio pendant nos balades dans le Sud. Souvent, les jours joyeux, nous chantons à tue-tête.

Mais il est « des jours nostalgie », où un rien te met les larmes aux yeux. Tu ne parles pas. Je me tais. Un jour à fleur de tristesse, un de ces jours où la nostalgie ne demande qu'à surgir du fond des souvenirs. À la radio, d'une voix de blues, envoûtante, au grain de velours, Nicoletta interprète « Il est mort le soleil ».

> « L'amour et le soleil, c'est pareil
> Hier pour moi il faisait beau
> Il faisait beau même en hiver
> C'était hier »
> (Pierre Delanoë)

L'atmosphère dans la voiture est devenue lourde. À l'extérieur, les ruelles de Marseille, le soleil d'une fin d'après-midi. Rien qui puisse te distraire de tes pensées. Ton flash-back ne peut être interrompu par rien ni personne. Alors je laisse filer. Je regarde ailleurs. Je regarde moi aussi dans ton passé. Je te revois descendant la Seine, traversant Paris en bateau, un privilège qui t'est réservé. Je te vois, véritable étoile que la foule applaudit. Les journalistes se bousculent. Les flashs crépitent. Dans l'habitacle si étroit, je ressens tes émotions. Aujourd'hui, tu es inconsolable.

Nous roulons sur la Corniche, la mer est calme. Aucune de nous deux ne prendra la parole jusqu'à ton appartement. Je regarde la mer. Je partage ces moments si intenses avec toi, tes émotions, tes joies, tes nostalgies. C'est ça notre complicité, qui semble tellement inattendue et surtout incompréhensible pour les autres. Depuis nos univers différents, nous avons partagé ce spleen qui faisait de nous des amies.

Qui retient nos pas ?

Nous faisions ce rêve merveilleux de monter le tapis rouge du Festival de Cannes. Moitié pour rire, moitié en vrai.

Nous avons tant ri ! Tu aimais ça, amuser l'assemblée.

Enfant, tu t'étais déguisée en clown. Bien sûr, on connaît le revers, l'envers du clown. Il fait rire pour ne pas lui-même pleurer. Les nuages, qui embuaient parfois tes yeux, laissaient place à un arc-en-ciel. Alors nous allions, toi et moi, au bout de la nuit, chevauchant la gaieté, la force. Joli pied de nez au temps.

Ce tapis rouge, nous ne le monterons pas ensemble. Le combat, nous l'avons perdu ensemble. Je continue seule à prendre les coups. Ton image, ton rire me portent. Icône pour les gens. Clown pour tes amis. Qui a retenu nos pas ?

La reconversion

La reconversion des sportifs de haut niveau est un sujet peu abordé par les médias. Les navigatrices et navigateurs ne reçoivent pas d'aides financières lorsqu'ils ne participent plus aux courses en mer.

Depuis la parution de son livre *Un vent de liberté*, Florence n'a pas gagné d'argent. Les médias ne lui ont pas réservé un très grand accueil, ce qui ne sera pas le cas en 2015 pour son livre posthume, *Cette nuit la mer est noire*. Florence assume, avec le cran d'une légende qui vacille, sa dernière histoire d'amour déchu et le départ de la Route du Rhum auquel elle assiste en *guest*. Les larmes roulent sur ses joues, son dernier rêve de navigatrice s'enfuit ce jour-là. Son téléphone restera sur messagerie. Les messages, elle ne veut pas les entendre. Son dernier défi est mort à tout jamais. Florence fait partie d'une génération de navigateurs qui n'ont pas anticipé une retraite pourtant inévitable. Ce défi au temps est comme leur dernier espace de liberté. Mais il se paie au prix fort.

Le Père Jaouen

Florence me parlait aussi très souvent du rôle que le père Jaouen avait joué dans sa vie. Il lui avait ouvert le chemin de la charité, du don de soi.

Le père Michel Jaouen, surnommé « le curé des mers », avait voué sa vie à sauver des adolescents de l'addiction : cannabis, cocaïne ou autres. Des adolescents sans repères, qui étaient quelquefois passés par la case prison, trouvaient en lui un guide, un père. Ils redécouvraient le goût de vivre et de se battre pour leur liberté.

Elle parlait toujours de lui avec respect et émotion.

Un soir, Florence me téléphone :

— Je serai à Paris demain. Est-ce que tu es libre ? Je veux te présenter au père Jaouen, nous irons dîner chez lui. Tu verras, c'est un curé comme tu n'en connais pas.

Je suis à la fois impressionnée et flattée de rencontrer cet homme.

Nous traversons Paris en taxi en ce début d'automne. Paris, enveloppé d'une brise douce. L'été n'est pas fini, les couleurs des feuilles composent une féerie. Dans le taxi qui nous emmène vers le XIIIe arrondissement, nous regardons tous ces monuments chargés d'histoire défiler à travers la vitre.

Lorsque nous arrivons, le décor est très différent. Les immeubles envahissent l'espace. Le père Jaouen habite au rez-de-chaussée d'un HLM. Nous sonnons. Une voix résonne au loin :

— Entrez, la porte est ouverte.

Florence me regarde, déjà heureuse de cet accueil.

Pas de serrure, pas de verrou, entrée libre. Le père Jaouen habite un espace non délimité, les tables à manger côtoient un bureau envahi par des centaines de dossiers, carnets, cahiers ; il est justement à son bureau. Il écrit une adresse dans un cahier à spirale déjà noirci.

— J'arrive.

Le téléphone sonne, un téléphone filaire de bureau à l'ancienne.

— Oui, c'est moi… Oui, oui, oui… Quand vous voulez… Non, il n'y a pas d'horaires, vous avez mon adresse, vous venez.

Il raccroche sans autre forme de politesse.

Il lève les yeux vers nous, un large sourire, son regard clair nous transperce. Cet homme a une présence magique.

Florence me présente, il me salue d'un hochement de tête, sa gentillesse n'est pas une légende. Toute la beauté du monde émane de cet homme.

Je suis déjà adoptée.

Nous parlons quelques minutes, puis il part chercher des assiettes, des couverts dans un placard proche. L'échange est simple et doux.

— On va manger. Je vous ai préparé du poisson.

Il se tourne vers moi :

— Vous aimez le poisson ?

— Oui, bien sûr.

Nous dînons, Florence lui parle doucement, lentement, ils discutent comme de vieux loups de mer. Ils échangent sur son bateau, *Le Bel Espoir*, qui a besoin de réparations. Il cherche éternellement des aides financières et les démarches administratives sont un casse-tête.

Il parle d'un délinquant :

— C'est un bon gars. Souvent quelques années plus tard, j'en vois beaucoup qui reviennent pour m'annoncer leur mariage ou la naissance de leur premier enfant.

De temps en temps, il me jette un coup d'œil. Je l'observe avec tout le silence respectueux qu'il suscite en moi.

Florence me ressert des légumes.

Puis elle plaisante sur le poisson qui est nourri au mercure.

Nous rions.

Le dîner s'achève dans la sérénité.

— Voulez-vous un fruit ? Un yaourt ?

Nous avons bu de l'eau. Le repas était simple et copieux. Cette rencontre reste ancrée dans ma mémoire.

À la mort de Florence, sa fille Marie donnera son voilier, *Largade*, à l'association du père Jaouen.

Vie associative et engagements

On ne peut parler de Florence Arthaud sans évoquer, en dehors de la voile, ses préoccupations humanitaires. Par pudeur, elle en parle peu, mais elle agit. Tout au long de sa vie, elle s'engage et s'investit dans de nombreux projets, cherchant constamment des sponsors pour les financer.

Profondément indépendante, elle n'aime pas les étiquettes. Elle n'adhère à aucun parti. Elle ne vote pas non plus. Elle n'a jamais ressenti le besoin de s'afficher politiquement.

Ses combats, elle les choisit. Ce sont ceux qu'elle mène dans les hôpitaux pour les enfants malades et les jeunes filles anorexiques, sa fondation à Marseille, l'Unesco, la protection des calanques de Marseille, ses engagements avec Yannick Noah. Ils sont en lien avec la « planète Mer », mais aussi avec les femmes.

Sa notoriété lui permet de participer à de nombreux projets et d'utiliser son nom aux profits de plusieurs associations. Ce qu'elle ne manquera pas de faire, avec sa passion et sa persévérance habituelles. Je n'en citerai ici que quelques-unes, et cette liste n'est pas exhaustive.

En 2006 et 2007, la navigatrice réalise un voyage pour la paix en mer Méditerranée. C'est la Route d'Elissa. Le départ se fait depuis Les Saintes-Maries-de-la-Mer, en Camargue, et aboutit en Israël. Florence portait à bout de bras ce projet, comme elle le dit lors d'une interview sur afrik.com en août 2006 : « J'aimerais que mes dernières navigations servent à des causes importantes comme la paix, l'écologie, la cause des femmes… De manière à partager tout ce que j'ai reçu de la mer, le bonheur qu'on a de voyager en mer, car il n'y a pas de frontières. En mer, il n'y a que des marins. »

Florence écrit dans son livre *Un vent de liberté*, en 2009 : « La Méditerranée, berceau des civilisations les plus anciennes, a connu tous les empires, et est jusqu'à nos jours le témoin des pires affrontements. Du coup, je rempile pour la paix. » Florence est très inspirée par ce projet et créera plus tard sa petite sœur : L'Odyssée des Femmes, dont il sera question plus loin.

Florence s'investit aussi auprès de l'Organisation des Nations unies. Elle devient l'amie des « OMD » ; ce sont les Objectifs du Millénaire pour le développement. Ils sont signés par de nombreux dirigeants du monde en septembre 2010. Ce sont huit objectifs à atteindre en quinze ans, et Florence Arthaud est la première personnalité française à s'investir ; on la surnomme « l'Amie des eaux » ! La petite fiancée de l'Atlantique s'engage au titre de l'objectif 7 : « La préservation de l'environnement et de ses cibles concernant la protection des ressources marines et de l'accès à l'eau ». Florence milite pour que les bidonvilles urbains aient accès à l'assainissement et à l'eau potable. À cette fin, elle utilisera son nom lors de nombreux évènements, comme des déjeuners-rencontres, ou la Nuit de l'Eau, organisés à Marseille.

En 2011, elle participe au projet de la Croisière des Guerrières, encadrée par Claude-Nicole Martinot et les pédopsychiatres Xavier Pommereau et Michelle Battista. C'est une croisière d'un genre un peu particulier : treize jeunes filles sur le chemin de la guérison de l'anorexie ou de troubles psychiques embarquent pour un périple de trois jours au large de la Côte d'Azur. Elles ont déjà parcouru un trajet thérapeutique, balisé d'étapes à franchir et de défis à relever. Elles ont travaillé pour guérir. La Croisière est une manière de leur dire : « Vous êtes des guerrières qui combattez la maladie et vous pouvez vous en sortir. » Florence y participe à plusieurs reprises et ne cesse de souligner le courage de ces jeunes filles. Elle ressort de ces expériences de vie toujours bouleversée, en larmes. Ce sont des larmes de joie chargées d'espoir : « Elles sont mes héroïnes. »

Florence crée sa fondation en 2011. Son objectif est de partager son amour de la « planète Mer » en développant des programmes d'éducation et de protection de l'eau. La fondation participe alors à la diffusion des connaissances sur l'état écologique de notre planète et met en œuvre tous les moyens à sa disposition pour convaincre le plus grand nombre de la nécessité de passer à l'acte afin de freiner l'impact des activités humaines sur l'eau. C'est pour le financement de cette fondation qu'elle participera à l'émission *Dropped*, quatre ans plus tard…

En 2014, accompagnée d'Eugène Riguidel, Florence part en mer dans les îles Féroé, à bord d'un bateau de Sea Shepherd pour l'action « Stop the Grind ». Leur mission : sensibiliser l'opinion publique et lutter contre les massacres traditionnels de mammifères marins perpétrés au large de l'Écosse. « On en a vu pas mal, des bateaux de Sea Shepherd, et on est très contents d'être les parrains et marraines de ce bateau ambassadeur, de soutenir le projet de Paul Watson. Ça ne s'arrêtera jamais si personne ne dit rien. Il s'agit d'une tradition! Ce sont des plages ensanglantées, une mer rouge et des animaux sauvagement tués. Mais il s'agit là d'un choc de générations. Les plus âgées continuent, alors que les jeunes sont dégoûtés par ce spectacle. Ce sont les générations futures qui peuvent faire quelque chose. Je dis toujours aux gamins: "Ne faites surtout pas comme vos couillons de parents, regardez dans quel état ils vous ont laissé la planète!" »

C'est une action forte, encore menée aujourd'hui.

Durant plusieurs années, Florence, avec l'aide de Jean-Yves Leber, essaie de mettre en place L'Odyssée des Femmes, un projet aussi ambitieux que remarquable. Le projet réunissait dix Dufour 375: des bateaux confortables, adaptés à la mer Méditerranée. Cela permettait ainsi de réunir plusieurs noms de la voile, dont notamment Laurence Rames de Moers, amie de Florence, ou encore Anne Liardet, onzième du Vendée Globe 2004, mais aussi des femmes équipières amateurs sur chaque embarcation. Cette course cent pour cent féminine devait traverser la Méditerranée en vingt-cinq jours environ et réaliser un parcours de 1700 milles avec six villes-étapes dans cinq pays différents de Méditerranée : France, Espagne, Maroc, Algérie, Tunisie, Corse. Chaque escale devait durer trois jours, et transformer les ports en villages sportifs, ouverts au public, avec des stands, des journalistes, des animations autour de l'écologie et du rôle des femmes. Florence voulait faciliter les échanges au sein de la Méditerranée, permettre la création de passerelles, mais aussi sensibiliser sur la condition de la femme, qui est très hétérogène tout autour de la Méditerranée.

Le temps, la vie, sa vie ne lui permettront pas de faire aboutir ce projet.

En 2015, Marie Arthaud-Lingois perpétuera l'âme de sa mère en offrant son bateau à l'une des associations qui lui tenait le plus à cœur : l'AJD (Aumônerie des jeunes délinquants). C'est le père Jaouen (1920-2016) qui en est à l'origine, et chacun sait la place qu'il tenait dans le cœur de Florence. L'AJD est créée en 1951 pour élargir l'horizon de jeunes sortants de prison. Michel Jaouen fait l'acquisition du *Bel Espoir II* et embarque à son bord des jeunes en difficulté, des familles, des retraités ; comme il est convaincu que le mélange des gens est la meilleure recette, tout le monde peut embarquer.

Une antenne est ouverte à Marseille en 2014, portée uniquement par des bénévoles.

La transmission de savoirs permet de perpétuer l'esprit de partage et d'entraide. *Largade*, le bateau de Florence, poursuit sa route : il continue d'aider des jeunes de tous horizons à dépasser leurs difficultés en découvrant la mer.

Florence serait honorée et fière de cette transmission.

Croyances et certitudes

Durant les six années que nous avons partagées, nous n'avons jamais évoqué une seule fois un événement national ou international. Si ! Une seule fois, Florence a enfreint ce pacte tacite : le jour de l'intronisation du pape François, le 13 mars 2013 – Jorge Mario Bergoglio, auparavant archevêque de Buenos Aires (Argentine).

C'est par le biais de cet événement qu'elle a évoqué avec pudeur sa spiritualité.

Nous ne parlions jamais de contingences. Ni de faits divers, ni même d'argent. Pourtant tu en manquais sérieusement, et alors tu disais :

— Il n'y a que l'amour qui vaille que l'on pleure.

Me parlais-tu de Dieu à cet instant ? De son amour et de celui que tu lui portais ? Tu étais une femme fière et consciente de ta chance. Tu n'aimais pas les bavardages. Tu n'aimais pas l'argent. Tu n'aimais pas la politique.

Et tu disais souvent :

— Les vraies héroïnes sont les ouvrières, toutes ces femmes qui travaillent à la chaîne.

Tu étais cette personne qui ne se plaignait jamais.

En rien tu ne fus militante féministe, mais malgré toi, portée par ta foi, tu as ouvert la voie de la résistance par la réalisation de soi : si tu avais dépassé les hommes, alors toutes pouvaient en faire autant !

L'essence de la mélancolie était présente chez Florence. L'empreinte de la mort était là. Elle ne pouvait s'en défaire, mais elle vivait avec ; elle s'en accommodait. Elle se créait des remparts, des cocons de douceur, des lieux où elle se sentait protégée.

Douleurs assassines

Le suicide de Jean-Marie revient, dans ces moments de tristesse, comme un cauchemar qui ne la lâche pas. Le regret de la Route du Rhum, l'indifférence du milieu nautique et la mauvaise réputation qui lui colle à la peau, la blessent. Elle déprime lorsqu'elle constate que son nom est sans cesse associé à « alcoolique ». Trop souvent elle m'appelle, en larmes :

— Tu ne connais pas un informaticien capable de supprimer ça !?

— Non, il n'y a personne pour effacer la cruauté du monde…

Après t'avoir follement aimée, ils ont voulu te brûler. Te clouer au poteau.

Ils ont répété inlassablement les mots qui pouvaient t'anéantir. T'effacer de la compétition, t'effacer de la planète des hommes. C'est une partie de ton histoire.

Mais tu n'as pas plié, tu es restée debout. Ils voulaient te faire rendre l'âme. Tu as refusé. Abdiquer, ce n'est pas ton genre, ce n'est pas ta vie.

Les moments de bonheur alternent avec les coups de cafard. La large fenêtre de ta chambre s'ouvre sur la Méditerranée, tu prends tes jumelles et dis :

— Je suis la gardienne de la mer.

Le matin, tu es une femme ouverte, souriante, heureuse de vivre près de la mer. Le soir, les fantômes du passé, les absents, les échecs, tout te revient et brise ton cœur. Tu parles en pleurant, telle une enfant. Tu as encore des envies de mer, mais la compétition demande des fonds, un sponsor. Aujourd'hui, cela n'est plus imaginable.

Même si toi, Florence, tu désires encore avec ton corps cette bataille au milieu des océans, cette aventure est maintenant derrière toi. Ton regard se perd sur la ligne d'horizon bleutée, tu revois les images de ton passé. Dans ta chambre face à la mer, les images défilent dans tes yeux. La vie peut être rebelle pour les héroïnes, pour celles qui viennent d'horizons infinis. Ce qui est beau, à te regarder, c'est que tu souris à la mer, elle te fascine, tu la désires toujours.

« Seul maître à bord après Dieu »

Florence de la Nuit. Tu pouvais passer du rire fou à la colère rouge, à la tristesse la plus infinie. Comme ces grands fauves de la scène, tous ces sentiments pouvaient se brouiller en quelques secondes. Tu avais la force du désespoir, plus celle de l'espoir ensemble. Les deux émotions se calquaient l'une sur l'autre. Étrangement. Naturellement.

Un bateau ressemble à une salle de concert. Les chœurs sont les rugissements des vagues. Le rythme change selon les vents. Les analogies sont infinies. « Seul maître à bord après Dieu », c'était ta devise.

Pendant ces nuits, tu me rappelais ces chanteuses de blues qui jonglent si bien avec leurs émotions : Etta James, Nina Simone, Aretha Franklin. Puis tu te mettais à danser seule au milieu de ton petit salon de la Madrague de

Montredon. J'étais seule avec toi. Ce furent des heures et des heures de blues infini.

Aujourd'hui je décide de dire ton incroyable sensibilité à fleur de peau.

Tu disais « j'aime pleurer ».

Tu trompais ton monde. Tu cachais ton incroyable lucidité.

Incompréhension

Les cinq dernières années de ta vie de femme libre, tu es mal comprise ; ils prennent ton insolence pour de la fierté. Ils prennent ta liberté pour de l'indifférence, et ton humour, ils ne le supportent pas. Tu es symphonique ; ils te prennent pour une chansonnette. Les codes des hommes sont réservés aux hommes en 2010, encore. Les femmes ont le droit d'avorter, de porter des pantalons et de fumer, mais il ne faut pas déborder de la page. Celles qui oseront le feront à leurs risques et périls.

On te prépare aux interviews : n'oublie pas de dire que tu es la fille de l'éditeur. Que l'on sache que tu n'es pas sortie des bas quartiers parisiens. Et en plus, ils prennent ta pudeur pour du dédain.

Que personne ne s'étonne alors qu'à l'heure où le jour tombe, tes lèvres tremblent. Comment retrouver la sérénité des marins, ceux qui trouvent toujours leur chemin ? Comment t'approcher de la ligne d'horizon depuis la terre ?

Prendre un verre avec les pêcheurs qui ont la bouche sèche, eux aussi, à l'heure où les bateaux sont alignés dans le port.

Tu remontes ta rue ; il y a ce troquet où tu retrouves ceux qui, comme toi, aiment profondément le large. C'est facile, tu t'étourdis jusqu'à ce que ça tangue, jusqu'à assécher ta mélancolie.

Ta photo sur Instagram, c'est toi quand tu avais une dizaine d'années, maquillée et déguisée en clown. Toi la légendaire, l'icône. Cette photo dit tout de toi. Du recul que tu as sur ton image médiatique. C'est l'image que tu donnes : une femme drôle et joyeuse, avec beaucoup d'humour. Mais le clown n'est pas seulement ça. Il cache ses larmes.

Tu relates les histoires avec quelques mots d'argot, ce qui fleurit ton expression, lui donnant un charme désorientant. Tu es loin de l'image médiatique de « jeune fille de bonne famille ». Tu as choisi le langage franc des marins et des aventuriers ; tu parles comme un mauvais garçon, un Titi parisien. Quel contraste avec ton visage angélique.

Tout en toi est contraste et tu en joues divinement.

Pour le ravissement de tes intimes.

Rock star et victime des médias

Ça commence sourdement, comme un vilain murmure. Ça bruisse de langues en langues. Ça étonne, ça choque, mais c'est bien là dans les journaux, magazines et réseaux sociaux.

De quoi haïr le monde.

Quand on te connaît, toi, la douceur, l'humanisme, la générosité et l'humilité. Les réseaux sociaux t'humilient, les magazines poubelles te taclent chaque année un peu plus. Chaque article, chaque rumeur, chaque médisance est un choc dans ton cœur et t'enfonce encore dans l'isolement et le désir d'oublier. Oublier ce que tu entends, ce que tu lis sur toi. Tu pleures.

Mais tu ne peux pas t'empêcher de naviguer sur le Net.

Les journalistes, la toile, la rumeur parlent beaucoup de tes addictions. La seule addiction que tu aies pourtant, c'est l'amour de la vie.

Pour toi ce n'est pas un diktat ni un dogme, c'est ta force de vie : aimer.

Ton parfum n'est pas celui des regrets ni des remords.

Les journalistes se réjouissent de te décrire comme une bagarreuse qui casse des verres dans les bars ou peut s'en prendre à un homme d'un coup de boule bien assené au visage.

Lorsque je lui en parle, elle a son sourire le plus doux, son regard le plus tendre, bien loin de la castagne :

— Non mais tu m'imagines, moi, avec mon mètre soixante-trois, casser la gueule d'un malabar ? Les journalistes aiment écrire n'importe quoi.

— Pourquoi n'as-tu pas fait de démentis dans la presse ?

— Pour quoi faire ? Ce que les gens disent, je m'en tape ! Quelquefois cela me fait mal, ça ravive une blessure mais, au fond, je m'en fous. Ce que j'aime, c'est manger des coquillettes chez mes potes.

Elle ne répond jamais à ces attaques, stupéfaite par l'imbécilité du monde, désespérée par la méchanceté, sans doute. Florence ne voit que la ligne de la mer sur l'horizon. Les êtres, elle les prend dans ses bras, vulnérables, abîmés, ignorants.

En 1986, un journaliste avait titré : « Un marin dans chaque port pour Florence Arthaud. » Elle ajoute :

— Mon père m'a même demandé de ne plus porter le nom d'Arthaud. C'était un peu violent…

Alors que la vérité, c'est sa première histoire d'amour avec Jean-Claude Parisis en 1975. Puis Loïc Lingois, qui sera le père de sa fille Marie en 1993. Et une passion amoureuse pendant plus d'une dizaine d'années avec ce beau navigateur aux épaules larges, au regard bleu, qui sait la séduire en lui faisant découvrir des églises en Bretagne.

Effacer la légende

Tu commençais en gaîté, tu prenais un « petit » verre de rosé. Ta langue claquait sur ton palais. Puis le jour tombait, un soleil de moins dans ta vie.

Tout commençait à se brouiller. Tu voulais effacer l'icône, la navigatrice adulée. Je t'accompagnais ; même si la nuit était délicieuse, elle aussi échouerait pour laisser place à l'aube. Tu fuyais la nuit, je fuyais le jour. Cela nous ramenait à l'essentiel. Devenir des ombres, naître, mourir en un seul jour, noyer le temps. Enfin, essayer.

À bout de souffle, essoufflées. Nous étions scellées dans ce pacte programmé pour échouer. Chaque jour recommencer. Tu voulais n'être personne, moi je voulais exister. Notre contrat tacite était bien gravé sur la brise.

Être ensemble en silence.

Juste pour quelques heures encore, vers nos destins avancer.

Rendez-vous en Argentine

Fut une période où tu voulais vendre aux enchères de magnifiques souvenirs : une bague offerte par l'homme de ta vie, un lit qui abritait tant de secrets, et même tes carnets de bord.

J'ai réussi à te convaincre de ne pas faire cette vente aux enchères.

Mais il n'y a pas de « retraite » pour les navigateurs. Les aventuriers qui nous font rêver et nous permettent de croire que chacun possède en lui la force du dépassement n'ont aucune sécurité, l'âge venant. Tu cours après des fonds, des sponsors. Tu te contentes de ton voilier, mais tu souhaites mener à bien L'Odyssée des Femmes. Depuis plusieurs années, tu es sollicitée pour participer à des émissions ou prêter ton image à des marques qui ne te ressemblent pas.

Pendant toutes ces années, tu tiens bon :

— Non, merci.

Parfois, poliment tu envoies un mail, acceptes quelques rendez-vous, puis, rentrée à Marseille, tu comprends que tu ne peux pas prêter ton nom à n'importe quelles conditions.

Vient le jour où, lasse de refuser, ayant le désir chevillé au corps de créer L'Odyssée des Femmes, tu cèdes. Tu décides d'accepter une proposition d'un producteur d'émission de télé-réalité.

Tu voudrais avancer encore vers le bonheur, juste encore une fois. Être au milieu d'un groupe, rire, parler, manger. C'est une des choses que tu aimes, ce compagnonnage.

Être au milieu des êtres. Être toi, sans la rumeur, sans les claquements, sans les bruits du dehors.

Être au milieu d'autres compétiteurs, c'est ce qui te fait vibrer.

Une vraie préparation physique commence alors : pas d'alcool, tu mincis, tu marches dans les collines autour de la Madrague, seule ou accompagnée de ton chat Bylka. Tu conserves l'allure fière et les muscles bien sculptés. Tu te prépares comme pour participer à une course au large en solitaire. Tu as un seul objectif : gagner. Gagner pour enfin rebondir, réaliser ton projet auquel tu penses depuis des années, depuis le refus des sponsors en 2010. Tu ne t'avoues jamais battue. Ton corps, ta silhouette et ton mental sont affûtés.

Tu vas bientôt partir pour l'Argentine.

Depuis l'âge de dix-neuf ans, tu as ton destin entre tes mains, tu le façonnes à ta manière. Nous, les intimes, nous ne faisons que marcher derrière toi. Tu es une championne, tu marches toujours devant.

Voilà ce que tu m'as appris : le courage d'être libre, marcher seule à travers les difficultés, n'écouter que soi.

Avancer vers son destin.

Je garde cette image de toi, toi que je n'ai jamais appelée « Flo ». Je n'aurais jamais osé. Tu marches tranquillement, belle, libre, légère.

Comme dans toutes les amitiés fusionnelles, nos mouvements d'humeur nous séparaient parfois jusqu'à quelques mois. Nos caractères bien trempés faisaient notre lien exigeant. Ces ruptures n'étaient que temporaires. Je te laissais venir à moi et, tel un chat, tu me rappelais, ronronnant au téléphone ; nous reprenions le cours léger et joyeux de notre histoire. Je t'avais déconseillé plusieurs fois de participer à cette émission.

Mais personne ne pouvait t'influencer, tu étais seule à décider de ta vie.

Je me souviens alors d'un rêve que tu m'as raconté :

— Nous sommes sous l'eau, dans une mer transparente et lumineuse. Nous nageons côte à côte. Sur un rythme lent, nous allons droit devant dans une eau claire. Nos bras s'allongent avec force. Une énergie douce nous réunit. Je ne sais plus si c'est la mer au plus profond dans ses eaux claires, ou si c'est une rivière. Nous nous y sentons bien, complices et silencieuses.

J'écoute ce rêve, je le vis. Je perçois la magie de cet instant. Pourtant je n'en saisis pas encore le sens. Tu reprends :

— J'arrive sur l'autre rive. Je suis heureuse, sereine.

— Et moi ? Je suis où ?

— Tu n'es pas là. Je ne te cherche pas, je sais que tu arrives…

Je n'y suis pas encore. Elle m'attend là-bas, de l'autre côté.

Le bar du Plazza Athénée

Comme tous les Parisiens, j'aime les bars des hôtels. Les hôtels ont une histoire à nous raconter, avant même un premier cocktail. Ces bars qui nous relient au passé de nos icônes nationales : Françoise Sagan, Serge Gainsbourg, au Raphaël.

Au bar du Plazza, nous nous sommes retrouvées dans une intimité que nous n'avions jamais eue ailleurs. Le fantôme de Marianne Faithfull planait dans le décor du XXIe siècle. La nostalgie des années 1970 l'emportait sur les lumières fluorescentes du bar, malgré tout. Tu étais magnifique toi aussi. Comme Marianne Faithfull, tu trimbalais ta nostalgie cette nuit-là. Tu gardais mes mains dans les tiennes, répétant comme un aveu bien marqué depuis des années : « Je t'aime, je t'aime, je t'aime, je t'aime, je t'aime. »

Je te regardais, déjà inconsolable.

Peut-être me disais-tu cette nuit-là : « Je vais partir. »

Disparition

J'étais immobile, muette, je regardais les hommages qui se bousculaient sur toutes les chaînes de télévision. Mon fils s'était emparé de la télécommande, il a voulu arrêter ce défilement d'images.

Il s'est tourné vers moi :

— Il y aura un *biopic* sur Florence.

Son affirmation se passe de commentaire : tout le monde va s'intéresser à elle maintenant.

Pourtant, c'est avant qu'elle aurait aimé que l'on ne l'oublie pas.

Mon fils disait toute ma peine, toute ma détresse.

Florence est brutalement redevenue ce qu'elle était, ce qu'elle fut : une icône pour tous les médias. Mais, depuis 2009, elle était seule ! Elle avait lutté contre l'oubli, l'effondrement, la dépression, de toutes ses forces.

Je ne peux pas assister à la cérémonie religieuse en l'église Saint-Séverin.

Cette foule, que célèbre-t-elle ? Cela m'effraie. Je reste sous mes draps ; mon lit, ma chambre me protège. Les images de toi défilent, j'attends la nuit, que la foule se disperse. Que la foule rentre chez elle, qu'elle reprenne sa route égoïste.

J'admire Marie, que je suis allée voir quelques jours avant, dans sa maison.

J'ai lu le courage dans son regard ; cela aussi je le garde en moi. Florence est donc là, dans ce regard ; Anne-Marie n'est pas sortie de sa chambre non plus. Bylka était sur le perron pour nous accueillir, ma compagne et moi, pour un dernier hommage, le nôtre : un simple bouquet de fleurs. Des roses blanches.

Florence et Nicole avaient une vraie complicité. Nicole l'admirait ; navigatrice elle aussi, elle évaluait son talent mieux que moi. Elles avaient prévu de faire une course de régate ensemble. Nicole était enthousiaste à cette idée, et pour Florence ce n'était que du bonheur. Mais un entourage nuisible veilla à ce que ce projet ne se réalise pas. Nicole fut difficilement consolable ; seule leur complicité a balayé ce méchant souvenir.

Florence était entourée de quelques personnes aux cœurs jaloux.

Elle ne voyait jamais le mal, elle détestait les conflits, les papotages, les stratégies malveillantes. Elle ne voulait pas lutter contre l'imbécilité. Dans son regard, il n'y avait que des couchers de soleil et des aurores boréales.

Certains pourraient s'étonner de ma relation avec Florence, alors qu'avec Nicole nous vivions ensemble depuis une trentaine d'années. En bonne intelligence, dans un « accord de liberté », nous avons élevé Nicolas, nous sommes un couple de parents. J'avais toute ma liberté, ma compagne également. Nos jardins respectifs furent harmonieux. Notre vision était sans mensonge depuis longtemps. Notre relation était sans hypocrisie. Le respect est notre plus grande force.

Hommage

28 avril 2015. En baie de Cannes, au large de l'île Sainte-Marguerite, là où repose son frère aîné Jean-Marie, les proches de la célèbre navigatrice se sont donné rendez-vous. À onze heures ce matin-là, une flotte d'une soixantaine de bateaux les accompagne.

Et dans tous les ports où Florence a jeté l'ancre, les cornes de brume retentiront à l'unisson, à onze heures, et les marins jetteront à la mer des brassées de roses blanches.

Dernière image

Sur mon téléphone, j'ai supprimé l'application « Météo marine ».

Sur mon fond d'écran, j'ai gardé ton visage dessiné par ton ami fidèle Titouan Lamazou.

Sur la page d'accueil, c'est la dernière photographie de toi en Corse.

Elle est singulière.

Tu portes un tee-shirt long. Tes jambes apparaissent musclées, ton corps ferme. Tu as l'attitude que tu as toujours : celle d'une grande sportive solitaire. Tu marches avec Bylka à tes côtés, vers une plage, à Calvi. Il y a aussi une petite chienne noire, compagne de Bylka. Tu tournes le dos à l'appareil. Tu traces. Libre dans cette nature de l'île de Beauté qui te va divinement.

Loin de tout, tu sembles marcher vers ton destin avec allégresse et détermination. Tu as un rendez-vous en Argentine, et tu y vas. C'est ton élan sans retour, c'est ta vie.

Cette photographie, c'est la dernière dans l'intimité.

J'ai effacé celles qui ne te représentaient pas. Celle-ci, je la regarde encore. Je garde aussi ta voix, sur les mini-cassettes du premier jour où je suis venue t'interviewer, à Marseille.

Tu me disais :

— On écrit un *biopic* lorsque les gens sont morts.

Je te citais quelques films pour démonter cette croyance : *What's Love Got to Do With It*, sur Tina Turner, *The Social Network*, sur Marc Zuckerberg ou encore *Miracle en Alabama*, à propos d'Helen Keller.

En ce qui te concerne, encore une fois, tu auras eu raison.

Florence song

Inconsolable de tes murmures et de tes silences. Longs silences, ce que les gens ignorent. Tu aimais ces longs silences.

Inconsolable de ta chevelure que tu secoues.

Inconsolable de ton regard sur la mer. Si loin.

Inconsolable de ta vigilance affectueuse : « Fais attention, il y a des marches. » « Reste là, assise, regarde la lune, c'est beau, non ? »

Inconsolable de tes mains de marin.

Sans limites

Ta vie était sans limites, comme ton regard tourné vers l'horizon et le devenir. L'exigence d'une vie pleine.

Au bout de ce combat, tu avais quand même, malgré tout, un rendez-vous inévitable.

La légende, comme une guirlande, t'auréolait.

Je t'entends rire aux éclats, une dernière fois.

Depuis des décennies la mort danse autour de toi.

Elle, qui nous attend tous, un jour, un après-midi, en plein vent ou à l'ombre. N'importe où.

Les éléments sont alignés comme des planètes, c'est un rendez-vous.

Pour moi, pour nous, la chute est vertigineuse.

Le 9 mars 2015, tu as coupé la dernière ligne d'arrivée.

2021

Aujourd'hui, en février 2021, cela fait une année que le monde vit avec une pandémie. Nous portons des masques, nous ne nous embrassons plus. Les hôpitaux sont envahis par les malades. Les personnes fragiles sont mortes, isolées, dans des conditions inhumaines. Que dirais-tu ? J'y pense souvent. Ça me porte à travers les nuits d'angoisse. Dans cette tourmente qui semble sans fin, je regarde les vidéos des navigatrices du Vendée Globe, qui viennent de passer le cap Horn. Admirer leur courage me rapproche de ton souvenir. Voir ces six navigatrices bataillant avec la mer mais aussi avec leurs humeurs, dépressions, craquages, me fait relativiser la situation. Miranda Merron, Alexia Barrier, Samantha Davies, Isabelle Joschke, Pip Hare et Clarisse Crémer qui a craqué après avoir passé le cap Horn, ses larmes, son courage, son humilité.

Ces femmes admirables me font aimer encore et encore cette vie.

Tu n'as pas choisi cette existence d'aventures et de pionnière pour être un exemple. Tu l'es pourtant pour des milliers de femmes. Comme la navigatrice Ellen MacArthur, qui déclare que c'est grâce à ton parcours qu'elle s'est lancée dans l'aventure de la course en mer.

Tu ne fus pas une militante féministe, mais tu as ouvert un peu plus aux femmes la voie de la résistance par la réalisation de soi-même.

Désormais

Huit ans maintenant que tu nous as quittés. À Paris, promenade Florence-Arthaud, le long du canal de l'Ourcq, se trouve la halte nautique du bassin de la Villette. Je pose mes pas lentement, les yeux tournés vers le ciel. Le tragique se mélange à la douceur. Je sais, nous savons tous maintenant où ton sourire, ta malice et l'étincelle de tes yeux se lovent : c'est juste dans nos cœurs. Les *Nocturnes* de Chopin m'accompagnent dans cette promenade où les images de toi me reviennent, éclats de rire, éclats de larmes, tourments et réels bonheurs. Tu es là. Tu n'es plus. Pourtant tu reviens, toi et tes gestes, toi et tes silences, toi et tes sourires. « *Allegro moderato* », une joie modérée. Il ne peut plus rien t'arriver, tu ne peux plus souffrir. Chopin et sa mélodie m'emportent. Je voudrais courir comme nous grimpions les sentiers à Marseille pour rejoindre la baie des Singes. Je voudrais courir jusqu'à tomber.

REMERCIEMENTS

à François Binet
Marie-Claude Boston
Yves Calvi
Danielle Féret
Maïté Jacquet †
Pauline Lépinay
Juliette Melnick
Michel Moniot
Caroline Sers

Cet ouvrage a été composé
par Atlant'Communication
au Bernard (Vendée)

Impression réalisée par

NORMANDIE ROTO IMPRESSION S.A.S.
à Lonrai (Orne)

en octobre 2023
pour le compte des Éditions de l'Archipel
département éditorial de la S.A.S. Écriture-Communication

#lisez engagé!
www.lisez.com
Pour plus d'information :
Imprimé sur du papier issu de forêts gérées durablement.

N° d'impression : 2304282
Dépôt légal : novembre 2023
Imprimé en France